"十二五"普通高等教育本科国家级规划教材《统计学》配套
国家级一流本科课程"统计学"配套辅导书

统计学习题与案例解析

TONGJIXUE XITI YU ANLI JIEXI （第二版）

吴风庆　主　编
李　丽　贾小爱　副主编

科学出版社
北　京

内 容 简 介

《统计学习题与案例解析（第二版）》是"十二五"普通高等教育本科国家级规划教材《统计学》的配套辅导书，国家级一流本科课程"统计学"配套辅导书。

本书的编写得到了山东工商学院统计学院全体教师的支持和帮助，在《统计学习题与案例解析》的基础上，修改、完善、充实、精炼了各类题目，更新了案例。本书一部分为练习题及其答案，一部分为案例解析。

统计学是一门实践性很强的方法论科学，本书结合《统计学（第四版）》教材的内容，练习题包括选择题、判断题、思考题、计算分析题。案例解析涵盖了统计学的基本理论与方法，包括教学目的、案例背景、数据分析、结论等。

本书既可作为高等院校经济管理类专业本（专）科生教材的良好补充，也可作为广大实际工作者的参考书。

图书在版编目(CIP)数据

统计学习题与案例解析/吴风庆主编. —2 版. —北京：科学出版社，2023.7
ISBN 978-7-03-074116-5

Ⅰ. 统… Ⅱ. ①吴… Ⅲ. ①统计学–高等学校–教学参考资料 Ⅳ. ①C8

中国版本图书馆 CIP 数据核字（2022）第 232725 号

责任编辑：王京苏／责任校对：姜丽策
责任印制：赵 博／封面设计：楠竹设计

科学出版社 出版
北京东黄城根北街 16 号
邮政编码：100717
http://www.sciencep.com
北京中石油彩色印刷有限责任公司印刷
科学出版社发行 各地新华书店经销

*

2016 年 1 月第 一 版　　开本：787×1092　1/16
2023 年 7 月第 二 版　　印张：11 3/4
2025 年 2 月第十三次印刷　字数：223 000

定价：38.00 元
（如有印装质量问题，我社负责调换）

前 言
FOREWORD

由科学出版社出版、吴风庆与王艳明主编的《统计学》教材是经济统计学国家级一流本科专业建设点、应用统计学国家级一流本科专业建设点、统计学国家级一流本科课程等质量工程建设的重要成果之一。令我们深感鼓舞的是，2011年《统计学》荣获第二届山东省高等学校优秀教材，2014年《统计学（第二版）》入选"十二五"普通高等教育本科国家级规划教材，2021年《统计学（第三版）》荣获山东省普通高等教育一流教材。《统计学（第四版）》即将出版。多项质量工程项目的获批及荣誉的获得，对统计学课程的建设提出了更高、更新的要求，我们一直在努力着。经过多年的教学实践，结合《统计学（第四版）》教材的内容，《统计学习题与案例解析（第二版）》得以付梓。

《统计学习题与案例解析（第二版）》分为两部分，一部分为练习题及其答案，一部分为案例解析。统计学是一门实践性很强的方法论科学，本书结合《统计学（第四版）》教材的内容，练习题包括选择题、判断题、思考题、计算分析题；案例解析涵盖了统计学的基本理论与方法，包括教学目的、案例背景、数据分析、结论等。

我们在编写《统计学习题与案例解析（第二版）》的过程中，时刻牢记教育是国之大计、党之大计，始终坚持教育发展的人民立场，全面贯彻党的教育方针，落实立德树人的根本任务，实施科教兴国的伟大战略。一方面，借鉴了国内外已有的成果；另一方面，为适应课堂教学"数据+模型+分析"的研讨式、案例式教学方法，结合了经济社会热点问题，体现了案例教学内容的前沿性与时代性，力图使本教材具有特色和新意，从而更加适应新时代经济、管理类专业的统计学课程的教学需要。本书在《统计学习题与案例解析》的基础上，修改、完善、充实、精炼了各类题目，更新了案例。

本书各章执笔人是：吴风庆（第一章至第四章）、李丽（第五章至第八章、第十章）、贾小爱（第九章、第十一章和第十二章）。

本书的编写与出版得到了科学出版社的大力支持，郝静同志及其他编辑为本书的组稿、编辑做了大量工作，在此表示衷心的感谢。

本书的编写得到了山东工商学院统计学院全体教师的支持和帮助，各位教师提出了许多宝贵的意见，在此表示感谢。虽然我们为提高教材的质量，作了很多努力，但仍会有疏漏或不足之处，恳请同行专家和读者不吝赐教，以便今后进一步修订与完善。

目 录
CONTENTS

第一章　导论 ··· 1
　　一、选择题 ·· 1
　　二、判断题 ·· 4
　　三、思考与练习题 ·· 5

第二章　数据的收集 ·· 7
　　一、选择题 ·· 7
　　二、判断题 ·· 10
　　三、思考题 ·· 11
　　四、练习题 ·· 11

第三章　数据的整理与显示 ··· 14
　　一、选择题 ·· 14
　　二、判断题 ·· 17
　　三、思考题 ·· 17
　　四、计算分析题 ·· 19

第四章　数据分布特征的测度 ·· 25
　　一、选择题 ·· 25
　　二、判断题 ·· 28
　　三、思考题 ·· 29
　　四、计算分析题 ·· 31

第五章　参数估计 ··· 40
　　一、选择题 ·· 40
　　二、判断题 ·· 45
　　三、思考题 ·· 45

四、计算分析题 …………………………………………………………………… 47

第六章　假设检验 ………………………………………………………………… 50
　　一、选择题 ………………………………………………………………………… 50
　　二、判断题 ………………………………………………………………………… 55
　　三、思考题 ………………………………………………………………………… 55
　　四、计算分析题 …………………………………………………………………… 56

第七章　方差分析 ………………………………………………………………… 60
　　一、选择题 ………………………………………………………………………… 60
　　二、判断题 ………………………………………………………………………… 64
　　三、思考题 ………………………………………………………………………… 65
　　四、计算分析题 …………………………………………………………………… 65

第八章　列联分析 ………………………………………………………………… 69
　　一、选择题 ………………………………………………………………………… 69
　　二、判断题 ………………………………………………………………………… 73
　　三、思考题 ………………………………………………………………………… 73
　　四、计算分析题 …………………………………………………………………… 73

第九章　相关与回归分析 ………………………………………………………… 77
　　一、选择题 ………………………………………………………………………… 77
　　二、判断题 ………………………………………………………………………… 80
　　三、思考题 ………………………………………………………………………… 81
　　四、计算分析题 …………………………………………………………………… 81

第十章　时间序列分析与预测 …………………………………………………… 86
　　一、选择题 ………………………………………………………………………… 86
　　二、判断题 ………………………………………………………………………… 90
　　三、思考题 ………………………………………………………………………… 90
　　四、计算分析题 …………………………………………………………………… 90

第十一章　统计指数 ……………………………………………………………… 94
　　一、选择题 ………………………………………………………………………… 94
　　二、判断题 ………………………………………………………………………… 97
　　三、思考题 ………………………………………………………………………… 97
　　四、计算分析题 …………………………………………………………………… 98

第十二章　统计综合评价 ··· 101

一、选择题 ·· 101
二、判断题 ·· 102
三、思考题 ·· 102
四、计算分析题 ··· 102

附各章选择题及判断题答案 ·· 104

案例 A　Follow Me 探究工业旅游新模式——基于张裕酒文化博物馆的调查 ······ 109

一、教学目的 ·· 109
二、案例背景 ·· 109
三、工业旅游及运营模式的现状研究 ··· 109
四、调查方案 ·· 113
五、调查实施 ·· 115
六、数据分析 ·· 117
七、综合分析 ·· 128
八、结论与对策 ··· 136
附录 1　调查方案 ·· 140
附录 2　调查问卷 ·· 144
主要参考文献 ·· 149

案例 B　中国国际旅游收入的趋势及影响因素分析 ························ 150

一、教学目的 ·· 150
二、案例背景 ·· 150
三、数据来源 ·· 150
四、数据分析 ·· 152
五、结论 ··· 165

案例 C　国家审计体制改革模式的选择——基于我国国家审计体制调查的层次分析 ·· 173

一、教学目的 ·· 173
二、案例背景 ·· 173
三、数据来源 ·· 173
四、数据分析 ·· 174
五、结论 ··· 177

第一章 导 论
CHAPTER 1

一、选择题

1. 统计学是一门研究客观事物数量表现及其数量关系的（　　）。
   A. 社会科学　　　B. 自然科学　　　C. 方法论科学　　　D. 实质性科学
2. 运用统计学理论与方法研究问题的前提是（　　）。
   A. 同质性　　　B. 大量性　　　C. 差异性　　　D. 广泛性
3. 构成统计总体的前提是（　　）。
   A. 同质性　　　B. 大量性　　　C. 差异性　　　D. 广泛性
4. 指出下面的选项中哪一个属于分类变量（　　）。
   A. 收入　　　B. 购买商品时的支付方式（现金、信用卡、银行卡等）
   C. 身高　　　D. 在校大学生对教学改革效果的态度（满意、一般、不满意）
5. 指出下面的选项中哪一个属于顺序变量（　　）。
   A. 收入　　　B. 购买商品时的支付方式（现金、信用卡、银行卡等）
   C. 身高　　　D. 在校大学生对教学改革效果的态度（满意、一般、不满意）
6. 指出下面的选项中哪一个属于数值型变量（　　）。
   A. 收入　　　B. 购买商品时的支付方式（现金、信用卡、银行卡等）
   C. 性别　　　D. 在校大学生对教学改革效果的态度（满意、一般、不满意）
7. 为了估计全国高校在校大学生的平均身高，研究者从全国高校中选取了100所大学进行调查。在该项研究中，研究者感兴趣的总体是（　　）。
   A. 全国高校所有在校大学生　　　B. 100所大学每一个在校大学生
   C. 全国高校在校大学生的平均身高　　　D. 100所大学在校大学生的平均身高
8. 为了估计全国高校在校大学生的平均身高，研究者从全国高校中选取了100所大学进行调查。在该项研究中，研究者感兴趣的个体是（　　）。
   A. 全国高校每一个在校大学生　　　B. 100所大学每一个在校大学生
   C. 全国高校在校大学生的平均身高　　　D. 100所大学在校大学生的平均身高

9. 为了估计全国高校在校大学生的平均身高，研究者从全国高校中选取了 100 所大学进行调查。在该项研究中，研究者感兴趣的样本是（　　）。
   A. 全国高校所有在校大学生　　　　B. 100 所大学的在校大学生
   C. 全国高校在校大学生的平均身高　D. 100 所大学在校大学生的平均身高

10. 为了估计全国高校在校大学生的平均身高，研究者从全国高校中选取了 100 所大学进行调查。在该项研究中，研究者感兴趣的参数是（　　）。
    A. 全国高校所有在校大学生　　　　B. 100 所大学每一个在校大学生
    C. 全国高校在校大学生的平均身高　D. 100 所大学在校大学生的平均身高

11. 为了估计全国高校在校大学生的平均身高，研究者从全国高校中选取了 100 所大学进行调查。在该项研究中，研究者感兴趣的统计量是（　　）。
    A. 全国高校所有在校大学生　　　　B. 100 所大学每一个在校大学生
    C. 全国高校在校大学生的平均身高　D. 100 所大学在校大学生的平均身高

12. 工业企业的职工人数、职工工资是（　　）。
    A. 连续型变量　　　B. 前者是连续型变量，后者是离散型变量
    C. 离散型变量　　　D. 前者是离散型变量，后者是连续型变量

13. 一家研究机构从 IT 从业者中随机抽取 500 人作为样本进行调查，其中 60% 的人回答他们的月收入在 10 000 元以上，50% 的人回答他们的消费支付方式是信用卡。这里的"消费支付方式"是（　　）。
    A. 分类变量　　　B. 顺序变量　　　C. 数值型变量　　　D. 连续型变量

14. 一家研究机构从 IT 从业者中随机抽取 500 人作为样本进行调查，其中 60% 的人回答他们的月收入在 10 000 元以上，50% 的人回答他们的消费支付方式是信用卡。这里的"月收入"是（　　）。
    A. 分类变量　　　B. 顺序变量　　　C. 数值型变量　　　D. 离散型变量

15. 一名经济统计学专业的学生为了完成其统计学概论的作业，在《中国统计年鉴》中找到 2020 年全国各省区市地区生产总值的数据，该数据属于（　　）。
    A. 分类数据　　　　　　　　　　B. 顺序数据
    C. 截面数据　　　　　　　　　　D. 时间序列数据

16. 一名经济统计学专业的学生为了完成其统计学概论的作业，在《中国统计年鉴》中找到 2001~2020 年国内生产总值的数据，该数据属于（　　）。
    A. 分类数据　　　　　　　　　　B. 顺序数据
    C. 截面数据　　　　　　　　　　D. 时间序列数据

17. 一名经济统计学专业的学生为了完成其统计学概论的作业，在《中国统计年鉴》中找到 2001~2020 年全国各省区市地区生产总值的数据，该数据属于（　　）。
    A. 截面数据　　　B. 时间序列数据　　　C. 面板数据　　　D. 定性数据

18. 数据计量尺度中最低级别的尺度是（　　）。
    A. 定类尺度　　　B. 定序尺度　　　C. 定距尺度　　　D. 定比尺度

19. 下列不属于描述统计的问题是（　　）。
    A. 根据样本信息对总体进行的推断　　B. 了解数据分布的特征
    C. 分析感兴趣的总体特征
    D. 利用图表或其他数据汇总工具分析数据

20. 在下列叙述中，属于推断统计方法的是（　　）。
    A. 用饼图描述某企业职工的学历构成
    B. 从一个果园中采摘 36 个橘子，利用这 36 个橘子的平均重量估计果园中橘子的平均重量
    C. 一个城市 1 月的平均汽油价格
    D. 反映大学生统计学课程考试成绩的直方图

21. 一项民意调查的目的是了解年轻人愿意与父母讨论的话题。调查结果表明：45%的年轻人愿意与其父母讨论家庭财务状况，38%的年轻人愿意与其父母讨论有关教育的问题，15%的年轻人愿意与其父母讨论爱情问题，2%的年轻人愿意与其父母讨论其他问题。该调查所收集的数据是（　　）。
    A. 分类数据　　　B. 顺序数据　　　C. 数值型数据　　　D. 实验数据

22. 描述样本分布特征并用于推断总体特征的概括性数字度量称作（　　）。
    A. 总体　　　B. 参数　　　C. 样本　　　D. 统计量

23. 一项研究表明，某城市拥有家用小型汽车的家庭的比例是 70%，这里的"70%"是（　　）。
    A. 参数　　　B. 统计量　　　C. 样本　　　D. 变量值

24. 为了估计某城市中拥有新能源汽车的家庭比例，随机抽取 500 个家庭作为样本，通过调查得到拥有新能源汽车的家庭比例为 25%。这里的"25%"指的是（　　）。
    A. 参数的值　　　B. 统计量的值　　　C. 样本量　　　D. 变量

25. 到商场购物停车越来越难，管理人员希望掌握顾客找到停车位的平均时间，为此记录下 50 名顾客找到停车位的时间。这里，管理人员感兴趣的总体是（　　）。
    A. 所记录的 50 名顾客　　　B. 在商场停车的每一位顾客
    C. 在商场停车的所有顾客　　　D. 到商场购物的所有顾客

26. 到商场购物停车越来越难，管理人员希望掌握顾客找到停车位的平均时间，为此记录下 50 名顾客找到停车位的时间。这里，样本是（　　）。
    A. 所记录的 50 名顾客　　　B. 在商场停车的每一位顾客
    C. 在商场停车的所有顾客　　　D. 到商场购物的所有顾客

27. 到商场购物停车越来越难，管理人员希望掌握顾客找到停车位的平均时间，为此记录下 50 名顾客找到停车位的时间。这里，管理人员感兴趣的总体参数是（　　）。
   A. 所记录的 50 名顾客　　　　　　B. 在商场停车的每一位顾客
   C. 所记录的 50 名顾客找到停车位的平均时间
   D. 所有顾客找到停车位的平均时间

28. 到商场购物停车越来越难，管理人员希望掌握顾客找到停车位的平均时间，为此记录下 50 名顾客找到停车位的时间。这里，管理人员感兴趣的样本统计量是（　　）。
   A. 所记录的 50 名顾客　　　　　　B. 在商场停车的每一位顾客
   C. 所记录的 50 名顾客找到停车位的平均时间
   D. 所有顾客找到停车位的平均时间

29. 某手机厂商认为，如果流水线上组装的手机出现故障的比率每天不超过 1%，则组装过程是令人满意的。为了检验某天生产的手机出现故障的比率，厂商从当天生产的手机中随机抽取了 30 部进行检测。手机厂商感兴趣的总体是（　　）。
   A. 当天生产的全部手机　　　　　　B. 抽取的 30 部手机
   C. 1%有故障的手机　　　　　　　　D. 30 部手机的检测结果

30. 最近某调查机构发表的一份报告称"对由 150 部新车组成的一个样本推断得知，外国新车的价格明显高于本国生产的新车的价格"。该结论属于（　　）。
   A. 对样本的描述　　　　　　　　　B. 对样本的推断
   C. 对总体的描述　　　　　　　　　D. 对总体的推断

31. 你询问了你们班中 10 位同学上学期"高等数学"的考试成绩，得知他们的平均成绩是 75 分。基于该信息，你认为全班同学上学期"高等数学"的平均成绩不超过 80 分。该结论属于（　　）。
   A. 描述统计　　　B. 推断统计　　　C. 概率统计　　　D. 应用统计

32. 在统计指标和指标体系中（　　）。
   A. 统计指标与指标体系是毫无关系的
   B. 统计指标是相互联系的指标所构成的整体
   C. 若干个统计指标组成了统计指标体系
   D. 统计指标可以决定统计指标体系的大小

二、判断题

1. 统计总体所具有的首要特征是差异性。（　　）
2. 统计学运用大量观察法时，必须对所有的个体进行观察。（　　）
3. 统计总体存在的前提是同质性。（　　）

4. 工人的年龄、性别、体重都是重要的非数值型数据。（　　）
5. 统计要说明现象总体的数量特征，必须先确定该总体的范围。（　　）
6. 连续型变量与离散型变量的划分主要是基于数据类型的不同。（　　）
7. 描述统计的方法既可以用于有限总体，也可以用于无限总体。（　　）
8. 某小组有 8 名同学，他们高等数学的考试成绩不同，因此，存在 8 个变量。（　　）
9. 2012 年普通高等本科专业目录中，020102 为经济统计学，071202 为应用统计学，102303 为保险学，120204 为财务管理学。上述专业为顺序数据。（　　）
10. 第七次全国人口普查中，全国人口数是统计总体。（　　）

三、思考与练习题

1. 解释总体、样本和个体的联系与区别，并举例说明。
2. 解释参数和统计量的联系与区别，并举例说明。
3. 解释分类数据、顺序数据和数值型数据的区别，并举例说明。
4. 解释离散型变量和连续型变量的区别，并举例说明。
5. 科学适用的统计指标包括哪些要素？
6. 某产品制造商宣称其产品的不合格率低于 10%。现从一批产品中抽取 100 个，发现其中有 6% 是不合格的。请指出总体、样本、参数和统计量。
7. 一项对在校大学生的调查表明，学生每月在网上购物的平均花费是 300 元，他们选择在网上购物的主要原因是"价格便宜"。请指出：
（1）这一研究的总体是什么？
（2）"消费者在网上购物的原因"是分类变量、顺序变量还是数值型变量？
（3）研究者关心的参数是什么？
（4）"学生每月在网上购物的平均花费是 300 元"是参数还是统计量？
（5）研究者所使用的方法是描述统计方法还是推断统计方法？
8. 某旅游部门欲了解外来旅游者对该地区的印象或看法，设计了一份调查问卷，问卷内容包括旅行的满意程度（非常满意、满意、非常不满意等）、到该地旅行的原因（度假、蜜月、探亲等）、逗留的天数等。请回答以下问题：
（1）研究总体是什么？
（2）个体是什么？
（3）调查工具是什么？
（4）"旅行的满意程度"是什么类型的数据？
（5）"到该地旅行的原因"是什么类型的数据？
（6）"逗留的天数"是什么类型的数据？

9. 在最近一项对 60 岁及以上男性死亡原因的调查中，一个 120 人的样本表明，48 人死于某类心脏病。请指出：

（1）"死亡原因"是分类数据、顺序数据还是数值型数据？

（2）这一研究的总体、样本是什么？

（3）用于估计 60 岁及以上男性死于某类心脏病的比例的统计量是什么？

（4）你准备用哪种方法进行估计，简要说明这种方法的特点。

10. 到某商场购物停车越来越困难，商场管理人员希望掌握顾客找到停车位的平均时间。为此，从第一个进入停车场的车辆开始，每隔 50 辆调查一位顾客，获得其找到停车位的时间。最终调查了 200 位顾客，发现其找到停车位的平均时间为 10 分钟。请回答以下问题：

（1）此次调查采用的调查方法是什么？

（2）调查总体是什么？样本是什么？个体是什么？

（3）本调查的参数是什么？统计量是什么？

（4）"顾客找到停车位的时间"是什么类型的变量？

（5）能否根据此次调查结果推断所有光顾该商场的顾客找到停车位的平均时间？为什么？

11. 以在校大学生综合素质为研究目的，设计一套统计指标体系。

第二章 数据的收集

CHAPTER 2

一、选择题

1. 从含有 N 个单位的总体中随机抽取 n 个单位作为样本，使得总体中的每一个单位都有相同的概率（或机会）被抽中，这样的抽样方式称为（　　）。
   A. 概率抽样　　　B. 非概率抽样　　　C. 方便抽样　　　D. 判断抽样

2. 一个单位被随机抽中后不再放回到原总体，然后再从剩下的单位中抽取第二个单位，直到抽取 n 个单位为止，这样的抽样方法称为（　　）。
   A. 放回抽样　　　B. 不放回抽样　　　C. 类型抽样　　　D. 整群抽样

3. 一个单位被随机抽中后再放回到原总体，然后再从该总体中抽取第二个单位，直到抽取 n 个单位为止，这样的抽样方法称为（　　）。
   A. 放回抽样　　　B. 不放回抽样　　　C. 类型抽样　　　D. 整群抽样

4. 在抽样之前先将总体中所有单位划分为若干类，然后从各个类中随机抽取一定数量的单位组成一个样本，这样的抽样方式称为（　　）。
   A. 简单随机抽样　　B. 类型抽样　　　C. 系统抽样　　　D. 整群抽样

5. 先将总体各单位按某种顺序排列，并确定一个随机起点，然后，每隔一定的间隔抽取一个单位，直至抽取 n 个单位形成一个样本，这样的抽样方式称为（　　）。
   A. 简单随机抽样　　B. 类型抽样　　　C. 系统抽样　　　D. 整群抽样

6. 先将总体划分成若干群，然后以群作为抽样单位从中抽取部分群，再对抽中的各个群中包含的所有单位进行观察，这样的抽样方式称为（　　）。
   A. 简单随机抽样　　B. 类型抽样　　　C. 系统抽样　　　D. 整群抽样

7. 为了调查某高校在校大学生的上网时间，从男生中随机抽取 80 名学生、从女生中随机抽取 50 名学生进行调查，这里采用的抽样方式是（　　）。
   A. 简单随机抽样　　B. 整群抽样　　　C. 系统抽样　　　D. 类型抽样

8. 为了调查某高校在校大学生课外体育运动所花的时间，将全校在校大学生的名单按拼音顺序排列后，随机抽取一名学生，然后每隔 30 名学生抽取一名学生组成样本进行调查，这种抽样方式是（　　）。
   A. 简单随机抽样　　B. 整群抽样　　　C. 系统抽样　　　D. 类型抽样

9. 为了了解某高校在校大学生手机费用的支出情况，从全校所有班级中随机抽取6个班级，并对抽中班级的所有学生进行调查，这种抽样方法是（   ）。
   A. 简单随机抽样   B. 系统抽样   C. 类型抽样   D. 整群抽样

10. 为了解女性对某品牌化妆品的购买意愿，调查者在街头随意拦截部分女性进行调查，这种抽样方式是（   ）。
    A. 简单随机抽样   B. 类型抽样   C. 方便抽样   D. 志愿者抽样

11. 互联网已成为人们生活中重要的组成部分，打开某网址，你会看到关于某某问题的调查，若你对该调查进行了回答，则研究人员取得数据的方式是（   ）。
    A. 判断抽样   B. 类型抽样   C. 方便抽样   D. 志愿者抽样

12. 研究人员根据对研究现象的了解程度有目的地选择一些单位作为样本，这种抽样方式是（   ）。
    A. 判断抽样   B. 类型抽样   C. 方便抽样   D. 志愿者抽样

13. 下面哪种抽样方式属于非概率抽样（   ）。
    A. 系统抽样   B. 整群抽样   C. 类型抽样   D. 滚雪球抽样

14. 下面哪种调查的结果不能用于对总体有关参数进行估计（   ）。
    A. 类型抽样   B. 系统抽样   C. 整群抽样   D. 判断抽样

15. 调查时首先选择一组调查单位，对其实施调查后，再请他们提供另外一些与调查项目有关的单位，调查人员根据其提供的线索，进行此后的调查。这样的抽样方式称为（   ）。
    A. 系统抽样   B. 整群抽样   C. 滚雪球抽样   D. 判断抽样

16. 先将总体中的所有单位按一定的标准分为若干类，然后在每个类中采用方便抽样或判断抽样的方式选取样本单位。这种抽样方式称为（   ）。
    A. 类型抽样   B. 配额抽样   C. 系统抽样   D. 整群抽样

17. 与概率抽样相比，非概率抽样的缺点是（   ）。
    A. 样本统计量的分布是确定的
    B. 无法使用样本的结果对总体相应的参数进行判断
    C. 调查的成本比较高   D. 不适合探索性的研究

18. 一家公司的人力资源部主管需要了解该公司员工的饮食习惯，以改善员工的餐饮现状。他将问卷发给就餐者，填写后再收上来。这种收集数据的方法属于（   ）。
    A. 自填式调查   B. 面访式调查   C. 实验调查   D. 观察式调查

19. 为了改善城市环境，需要了解乘坐公共汽车上下班的人数所占的比例。在收集数据时，最有可能采用的收集方法是（   ）。

A. 普查　　　　B. 实验　　　　C. 随机抽样　　　D. 观察

20. 某城市拟对占全市储蓄额 4/5 的几个大储蓄所进行调查，以了解全市储蓄的一般情况，这种调查方式是（　　）。

A. 普查　　　　B. 典型调查　　C. 抽样调查　　　D. 重点调查

21. 某居民社区的两个住户因停车问题发生纠纷，社区居民委员会的管理人员对其中一户车主进行了专门座谈。这种数据收集方式是（　　）。

A. 座谈会　　　B. 个别深访　　C. 实验　　　　　D. 询问

22. 某居民社区的物业管理者怀疑有些居民户有偷电行为。为了解住户每月的用电情况，采取抽样调查方式对部分居民户进行调查，发现调查员在登记电表数时有抄错的数据，由此产生的误差属于（　　）。

A. 有意识误差　B. 抽样框误差　C. 调查者误差　　D. 无回答误差

23. 某研究机构十分关心小学生每周看电视所花的时间，随机抽取 200 名小学生，让家长对其每周看电视的时间进行记录。结果表明，这些小学生每周看电视的平均时间为 12.5 小时，标准差为 6.8 小时。该机构收集数据的方法是（　　）。

A. 访问法　　　B. 观察法　　　C. 实验法　　　　D. 文献法

24. 一个离休人员对寄居在家中的一窝燕子很感兴趣，他每天观察并记录燕子飞出、飞进的时间，以及它们喂养小燕子的习惯。这里采用的收集数据的方法是（　　）。

A. 普查　　　　B. 观察法　　　C. 实验法　　　　D. 询问法

25. 如果一项调查结果因人为故意操纵而出现偏差，这种误差属于（　　）。

A. 抽样误差　　B. 非抽样误差　C. 设计误差　　　D. 实验误差

26. 为了解居民对该社区居住环境的意见和看法，管理人员随机抽取了 80 名住户，并通过上门发放问卷取得数据。这里采用的收集数据的方法是（　　）。

A. 面访式调查　B. 实验调查　　C. 观察式调查　　D. 询问式调查

27. 某社区居民委员会为了解该小区住户对物业服务的看法，准备采取抽样调查方式收集数据。社区居民委员会利用最初的居民登记名单进行抽样，然而，现在的社区中，原有的一些居民户已经搬走，同时有些新入住的居民户，由此产生的误差属于（　　）。

A. 随机误差　　B. 抽样框误差　C. 回答误差　　　D. 无回答误差

28. 某社区居民委员会为了解该小区住户对物业服务的看法，准备采取抽样调查方式收集数据。社区居民委员会利用居民登记名单进行抽样，但现在的社区中，原有的一些居民户已经搬走而没有回答问题，由此产生的误差属于（　　）。

A. 随机误差　　　　B. 抽样框误差　　　C. 回答误差　　　　D. 无回答误差

29. 人口普查规定统一的标准时间是为了（　　）。
    A. 避免登记的重复和遗漏　　　　　B. 确定调查的范围
    C. 确定调查的单位　　　　　　　　D. 登记的方便

30. 在问卷设计中，下面哪个问题是合适的（　　）。
    A. 人们认为海尔冰箱的质量不错，您觉得怎么样
    B. 您最近一个月使用哪种品牌的洗发水
    C. 您觉得这种新款轿车的加速性能和制动性能怎样
    D. 您觉得该产品的新包装不美观吗

31. 全国人口普查中，调查单位是（　　）。
    A. 每一个人　　B. 每一户的人口　　C. 每个省的人口　　D. 全国总人口

32. 对某高校在校大学生就业去向进行调查时，研究者在不同专业的一、二、三、四年级中分别随机抽取了一个班作为样本，这种抽样方法是（　　）。
    A. 多阶段抽样　　B. 类型抽样　　　　C. 系统抽样　　　　D. 整群抽样

33. 若对某时间段生产的一批电视机的抗震能力进行调查，应采用的方法是（　　）。
    A. 抽样调查　　　B. 普查　　　　　　C. 实验　　　　　　D. 方便调查

34. 下面调查中，调查单位与填报单位一致的是（　　）。
    A. 企业的设备调查　　B. 人口普查　　C. 农产量调查　　D. 经济普查

35. 问卷设计中，多项选择问题的答案设计应遵循的基本原则是（　　）。
    A. 互斥性　　　　B. 开放性　　　　　C. 穷尽性　　　　　D. 完整性

二、判断题

1. 确定调查对象和调查单位，是为了回答向谁调查、由谁来具体提供统计资料的问题。（　　）

2. 全面调查是比较容易取得全面系统资料的一种调查方式。（　　）

3. 普查是专门组织的一次性全面调查，所以其调查结果不可能存在误差。（　　）

4. 在工业企业生产设备使用寿命的普查中，调查单位是工业企业的每台生产设备，报告单位是每个工业企业。（　　）

5. 我国第七次全国人口普查规定以 2020 年 11 月 1 日零时为标准时点，是为了保证登记工作在同一时刻进行。（　　）

6. 抽样调查不可避免地会产生代表性误差，还有可能产生登记性误差，所以它的误差要比全面调查的误差大。（　　）

7. 抽样调查是在调查对象中选择一部分样本进行的一种全面调查。（　　）

8. 对某高校在校大学生的学习积极性进行调查时，调查对象是该校的全部在校大学生。（　　）

9. 全面调查和非全面调查是根据调查所得的资料是否全面来划分的。（　　）

10. 统计报表是我国收集统计数据的一种重要方式，已形成了比较完备的统计报表制度。（　　）

三、思考题

1. 统计数据的间接来源主要有哪些？
2. 举例说明统计数据的直接来源，并阐述这些方法的应用场合。
3. 举例说明数据收集的方法及其应用。
4. 概率抽样与非概率抽样的区别有哪些？
5. 概率抽样方法中，几种不同方法的比较与应用。
6. 非概率抽样方法中，几种不同方法的比较与应用。
7. 调查方案应包括哪几个方面的内容？
8. 简述调查问卷的基本结构。
9. 问卷中，问题的类型有几种？设计时应注意什么？
10. 问卷设计应遵循的基本原则是什么？

四、练习题

1. 就大学生感兴趣的话题设计一份调查方案。
2. 针对上述调查方案设计一份调查问卷。
3. 结合调查方案各组成部分的内容，指出（1）～（8）部分与其相对应的名称。

（1）为了解大学生身体素质状况，研究人员在（2）所有大学生中（3）随机抽取了（4）400名大学生，对（5）每一位抽中的大学生通过发放（6）调查问卷的方法，于（7）上周末进行了调查，调查内容包括被调查者的（8）性别、身高、体重、专业等。

4. 某大学有2000名男教师及600名女教师。为了听取教师关于绩效工资考核的意见，从2000名男教师中随机抽取了100名，另外又从600名女教师中，随机抽取了60名。请回答下面的问题：

（1）这里的总体是什么，调查的样本有多大？

（2）指出所采用的抽样方式。

5. 某高校大学生101调查社组织了一次关于某城市居民对食品安全问题态度的调查，在该城市的10个居民社区随意访问了300个居民。经过统计，有74%的居民对食品安全问题表示"非常重视",有23%的居民表示"重视",只有3%的居民表示"不重视"。样本中女性占65%,男性占35%;本次调查对象不包括在校学生。请回答以下问题:

(1)此次调查采用了什么调查方法?

(2)调查总体、个体、样本是什么?

(3)"居民对食品安全问题的重视程度"是什么类型的变量?

(4)能否通过此次调查结果推断全体城市居民?为什么?

6. 学校校园里,我们经常见到这样的情景,一位同学站在图书馆门前,不时拦下路过的同学,请他们填写准备好的问卷,以完成其任务。请指出:

(1)这位同学采用了什么样的调查方法?

(2)这位同学所采用的方法是否有偏?

(3)请针对(2)得出的结果,说明理由。

7. 某大学的统计学院希望吸引更多的学生将"统计学专业"作为他们的第二专业。为此,该学院设计了两套宣传方案,第一套宣传方案强调"统计学专业"的有趣性;第二套方案强调学习"统计学专业"将来可以赚更多钱。到底哪个方案更加吸引学生呢?现有一份问卷,可以度量学生选择"统计学专业"的意愿,同时,还有50名在校生共同参与了这个项目。要求:请描述如何设计试验来分辨哪个方案的效果较好。

8. 某高校后勤集团希望了解学生对食堂饭菜的评价,计划在全校学生中抽取10%的学生构成一个调查样本。请问:

(1)你将如何安排抽样以保证随机性?

(2)抽样中,你有可能遇到哪些问题?

(3)上述问题可能对研究结论产生哪些影响?

(4)你打算如何解决上述问题?

9. 在什么情况下,你会不愿意或曾经不愿意参加一项调查活动?你认为拒绝参加可能会导致怎样的后果?

10. 你所在学校的领导很想知道同学目前上网都在做什么,但不可能询问每一位同学。请你帮助学校领导设计一份抽样方案并列举出在抽样过程中可能遇到的问题。

11. 某高校学工部拟组织一次以全校本科在校大学生为对象的校风调查,旨在描述、分析该校的校风现状,为提高教学水平,全面推进素质教育提供有针对性的意见和参考。假设你是该调查设计组的成员,为了确保整个调查工作的全面展开和顺利进行,请按照以下要求制订一份调查方案,并据此设计一份结构完整的调查问卷。要求:

（1）根据以上实际需求设计一个完整的统计调查方案，需包含调查目的、具体要求、调查对象、调查方式、调查经费来源、调查时间、调查组织计划等要素。

（2）根据以上实际需求设计一份结构完整、主题明确、层次分明、通俗易懂的调查问卷，问卷围绕"学风、教风、考风"三个方面展开，问题形式需包含开放式问题和封闭式问题，答案设计需包含单项选择题、多项选择题、排序题、等级评定题、双向列联题等。

第三章 数据的整理与显示

一、选择题

1. 数据筛选的主要目的是（   ）。
   A. 发现数据的错误   B. 对数据进行排序
   C. 找出所需要的某类数据   D. 纠正数据中的错误

2. 数据审核的主要目的是（   ）。
   A. 发现数据的错误   B. 对数据进行排序
   C. 找出所需要的某类数据   D. 纠正数据中的错误

3. 数据分组后，落在某一特定类别或组中的数据个数称为（   ）。
   A. 频数   B. 频率   C. 频数分布表   D. 累积频数

4. 把各类别及落在其中的相应频数全部列出，并用表格的形式表现出来，该表格称为（   ）。
   A. 频数   B. 频数分布表   C. 频率   D. 累积频数

5. 将全部变量值依次划分为若干个区间，并将这一区间的变量值作为一组，这样的分组方法称为（   ）。
   A. 单变量值分组   B. 组距分组   C. 等距分组   D. 连续分组

6. 统计分组的目的是（   ）。
   A. 组内同质性，组间同质性   B. 组内差异性，组间同质性
   C. 组内差异性，组间差异性   D. 组内同质性，组间差异性

7. 组中值是（   ）。
   A. 一个组的上限与下限之差   B. 一个组的上限与下限之间的中点值
   C. 一个组的最小值与最大值之间的中点值
   D. 一个组的最大值

8. 将某公司员工的月收入依次分为12 000元以下、12 000～13 000元、13 000～14 000元、14 000～15 000元、15 000元及以上几个组。第一组的组中值近似为（   ）。
   A. 12 000   B. 11 000   C. 11 500   D. 12 500

9. 20名工人看管机器台数的资料如下：2，5，4，4，3，4，3，4，4，2，2，4，3，4，6，3，5，2，4，3。如对上述资料进行分组，最适合采用（　　）。
   A. 单变量值分组　　　　　　　　B. 等距分组
   C. 不等距分组　　　　　　　　　D. 以上几种分组均可以

10. 某连续变量分为3组，第一组为100～150，第二组为150～200，第三组为200及以上，按照重叠组限的规定（　　）。
    A. 150在第一组，200在第二组　　B. 150在第二组，200在第二组
    C. 150在第二组，200在第三组　　D. 150在第一组，200在第三组

11. 实际问题研究中，划分离散变量的组限时，相邻两组的组限（　　）。
    A. 是间断的　　　　　　　　　　B. 是重叠的
    C. 既可以是间断的，也可以是重叠的　D. 应该是相近的

12. 划分连续变量的组限时，相邻两组的组限（　　）。
    A. 是间断的　　　　　　　　　　B. 是重叠的
    C. 既可以是间断的，也可以是重叠的　D. 应该是相近的

13. 划分连续变量的组限时，相邻两组的组限采用重叠形式，若某变量值正好位于相邻组的下限时，一般应将其归在（　　）。
    A. 上限所在组　B. 下限所在组　C. 任意一组均可　D. 另设新组

14. 一个组的上限与下限之差称为（　　）。
    A. 全距　　　　B. 组数　　　　C. 组限　　　　D. 组距

15. 落入每组单位的个数在总个数中所占比率的和应该（　　）。
    A. 小于1　　　B. 大于1　　　C. 等于1　　　D. 等于0

16. 对某班级45名学生按性别进行分组，得知女生人数为30人，"30人"称为（　　）。
    A. 频数　　　　B. 频率　　　　C. 频数分布表　D. 累积频数

17. 把各类别数据出现的频数按照由高到低排序后绘制的图形称为（　　）。
    A. 条形图　　　B. 饼图　　　　C. 帕累托图　　D. 对比条形图

18. 下面的哪一个图形最适于描述结构性问题（　　）。
    A. 条形图　　　B. 饼图　　　　C. 帕累托图　　D. 对比条形图

19. 将各有序类别或组的频数逐级累加起来得到的频数称为（　　）。
    A. 频率　　　　B. 累积频数　　C. 比例　　　　D. 比率

20. 将各有序类别或组的频数从第一组的最小变量值开始逐级累加到最后一组的最大变量值，该累积频数称为（　　）。
    A. 向上累积　　B. 向下累积　　C. 直接累积　　D. 间接累积

21. 将各有序类别或组的频数以总频数作为第一组累积频数，再减去相应组的频数，以此类推，直到得到最后一组变量值的频数为止，该累积频数称为（　　）。

A. 直接累积　　B. 间接累积　　C. 向上累积　　D. 向下累积

22. 下面的哪一个图形适于比较研究两个及以上总体或样本的结构性问题（　　）。

    A. 环形图　　B. 饼图　　C. 帕累托图　　D. 直方图

23. 对于变动范围较大的大批量数值型数据，一般用（　　）描述其分布。

    A. 条形图　　B. 茎叶图　　C. 直方图　　D. 饼图

24. 对于变动范围较小的或未分组的小批量数值型数据，最适于描述其分布的图形是（　　）。

    A. 条形图　　B. 茎叶图　　C. 直方图　　D. 饼图

25. 对于时间序列数据，用于描述其变化趋势的图形通常是（　　）。

    A. 条形图　　B. 直方图　　C. 箱线图　　D. 线图

26. 要准确地反映异距分组数列的实际分布情况，需要计算（　　）。

    A. 频数　　B. 频数密度　　C. 频率　　D. 累积频率

27. 与直方图相比，茎叶图（　　）。

    A. 没保留原始数据的信息　　B. 保留了原始数据的信息
    C. 不能有效展示数据的分布　　D. 更适合描述分类数据

28. 对于非数值型分组数据，最适于描述其分布形态的图形是（　　）。

    A. 茎叶图　　B. 箱线图　　C. 直方图　　D. 条形图

29. 显示多个总体或样本之间的相似程度时，通常选择的图形是（　　）。

    A. 条形图　　B. 线图　　C. 雷达图　　D. 直方图

30. 一名经济统计学专业的学生为了完成其统计学作业，在《中国统计年鉴》中找到了2001～2020年国内生产总值的数据，欲描述其变化趋势，通常应选择的图形是（　　）。

    A. 条形图　　B. 线图　　C. 箱线图　　D. 直方图

31. 由一组数据的最大值、最小值、中位数和四分位数绘制而成的，用于描述原始数据分布的图形是（　　）。

    A. 茎叶图　　B. 直方图　　C. 箱线图　　D. 饼图

32. 下面哪个特征描述不属于条形图（　　）。

    A. 所有的竖条应该有相同的宽度　　B. 每个类别的频率标示在竖轴上
    C. 每个竖条之间应该不留有空隙　　D. 反映定性数据或分类数据

33. 现有10家公司在电视广告上的花费如下（单位：万元）：7200，6300，5400，5600，5400，2600，2600，2300，2300，2000。不宜使用下面的哪种图形描述这些数据的特征（　　）。

A. 柱形图　　　　B. 散点图　　　　C. 箱线图　　　　D. 饼图

二、判断题

1. 组距是各组变量值的变动范围，连续变量组距的通用公式是"组距=本组上限－本组下限"。（　　）

2. 在组距相等的条件下，频数分布和频数密度分布是相同的。（　　）

3. 对数据进行分组时，单变量值分组适合于任何数据。（　　）

4. 统计分组结果的衡量标准是正态分布。（　　）

5. 茎叶图可用于描述分组数据。（　　）

6. 用组中值代表各组内一般水平的假定条件是各组变量值在本组内呈均匀分布。（　　）

7. 条形图可用于描述连续变量的分组数据。（　　）

8. 进行组距分组时，首先需要考虑的问题就是组数和组距的计算。（　　）

9. 统计分组的关键是计算组距和组中值。（　　）

10. 雷达图是显示多个变量的常用图示方法。（　　）

11. 对于未分组的数值型数据，我们可以用箱线图来观察其分布。（　　）

12. 单变量值分组与组距分组的区别源于数据类型的不同。（　　）

13. 对于连续变量采用组距式分组，相邻两组的组限采用重叠形式时，若某变量值恰好等于组限，该变量值应该归于小于组限的组。（　　）

三、思考题

1. 分类数据和顺序数据的整理和图示方法各有哪些？

2. 数值型数据的分组方法有哪些？简述组距分组的步骤。

3. 直方图与条形图有何区别？

4. 饼图与环形图有哪些不同？

5. 茎叶图与直方图相比有什么优点？它们的应用场合是什么？

6. 制作统计表应注意哪几个问题？

7. 为评价学校食堂的饭菜质量，学校管理人员随机抽取了100名学生（男生25人，女生75人）进行调查。经汇总整理得到，对饭菜质量满意的有14人，基本满意的有21人，一般的有32人，基本不满意的有18人，不满意的有15人。在表现这一样本特征时，管理人员分别绘制了频数分布表和柱形图。如表 3.1 和图 3.1 所示。要求：

表 3.1　学校食堂饭菜质量满意度调查结果

评价等级	人数/人
满意	14
基本满意	21
一般	32
基本不满意	18
不满意	15

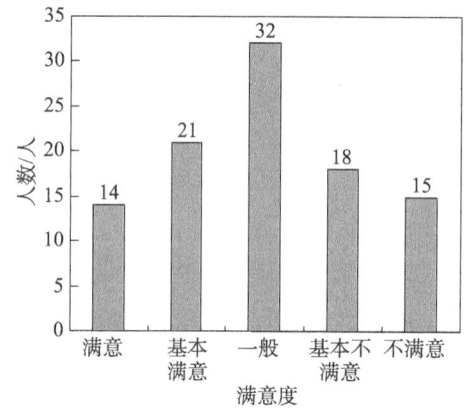

图 3.1　学校食堂饭菜质量满意度等级分布

（1）根据规范统计表的要求，请指出表 3.1 存在的问题。
（2）根据上述资料，编制规范的统计表。
（3）根据统计图形的绘制原则，请指出图 3.1 存在的不足。
（4）根据上述资料，绘制适合的统计图。

8. 在对某班 50 名同学 2021～2022 学年第 2 学期"概率论与数理统计学"考试成绩（单位：分）的分布特征进行研究时，研究人员根据组数和组距的计算，把所有考试成绩分为以下 7 组：45 分以下，45～55 分，55～65 分，65～75 分，75～85 分，85～95 分，95 分及以上，请问：

（1）这种分组形式是单变量分组还是组距分组？
（2）你认为研究人员的分组结果合适吗？
（3）如果不合适，违背了统计分组的什么原则？写出你的分组结果。
（4）各组界限划分的原则是什么？
（5）60 分在哪组？
（6）该结果使用哪种图形显示最合适？

9. "饮料市场在哪里？"一家调研公司对某地区第二季度软饮料的销售情况进行调查，所得数据如表 3.2 所示。

表 3.2　某地区第二季度软饮料销售统计表

销售场所	百分比/%
超市	44
餐馆	24
便利店	16
杂货店	11
自动贩卖机	3
其他	2
合计	100

（1）"销售场所"是什么类型的数据？

（2）有哪几种图形适合对上述数据进行描述？

（3）有些同学选择了直方图对数据进行描述，合适不合适？为什么？

10. 日常生活中，合理的时间分配非常重要。一项有关时间利用方式的研究，收集到有关数据整理为表 3.3。

表 3.3　时间利用方式统计表　　　　　　　　　单位：小时

时间利用方式	有工作的男性	有工作的女性	家庭主妇
与工作相关的活动	8.1	6.5	0
家务	1.0	3.4	7.8
个人事务（如睡觉、化妆）	9.9	9.8	10.3
路上	1.2	1.1	0.7
闲暇活动（如运动、看电视等）	3.8	3.2	5.2

（1）该统计表是哪种类型的统计表？

（2）你计划用哪几种图形来展示上述数据？

（3）关于这三类人的时间利用方式，你所选的每种图形能提供什么信息？

四、计算分析题

1. 某班 40 名学生"高等代数"考试成绩（单位：分）分别为 68，89，88，84，86，87，75，73，72，68，75，82，97，58，81，54，79，76，95，76，71，60，90，65，76，72，76，85，89，92，64，57，83，81，78，77，72，61，70，81。

（1）将该班学生按照"60 分以下，60～70 分，70～80 分，80～90 分，90～100 分"分为 5 组，编制一张频数分布表。

（2）分析该班学生考试成绩的分布特征。

2. 为评价家电行业售后服务的质量，随机抽取了 100 个家庭构成一个样本。服务质量的等级分别表示为：A. 好；B. 较好；C. 一般；D. 差；E. 较差。调查结果如表 3.4 所示。

表 3.4　家电行业售后服务的质量评价结果

家庭编号	质量等级	家庭编号	质量等级	家庭编号	质量等级	家庭编号	质量等级
1	B	8	B	15	B	22	C
2	D	9	A	16	A	23	B
3	A	10	C	17	E	24	C
4	B	11	E	18	A	25	C
5	C	12	A	19	D	26	C
6	D	13	D	20	B	27	C
7	B	14	A	21	C	28	C

续表

家庭编号	质量等级	家庭编号	质量等级	家庭编号	质量等级	家庭编号	质量等级
29	B	47	A	65	C	83	C
30	C	48	E	66	E	84	D
31	C	49	C	67	C	85	B
32	B	50	D	68	B	86	E
33	C	51	D	69	E	87	A
34	D	52	D	70	C	88	D
35	E	53	A	71	B	89	C
36	B	54	A	72	C	90	B
37	C	55	B	73	D	91	E
38	D	56	D	74	D	92	E
39	C	57	D	75	C	93	B
40	E	58	A	76	C	94	C
41	A	59	A	77	B	95	C
42	C	60	B	78	D	96	B
43	C	61	C	79	D	97	E
44	E	62	E	80	C	98	C
45	D	63	E	81	A	99	B
46	C	64	B	82	E	100	C

（1）指出上面的数据属于什么类型的数据。
（2）对上述数据进行分组，并制作频数分布表。
（3）绘制一张适合该数据的图形，以反映评价等级的分布特征。

3. 某行业管理局所辖 40 家企业某年产品的销售收入数据如表 3.5 所示。请选择适当的方法，对该数据进行分组，编制频数分布表，并计算出累积频数和累积频率。

表 3.5　40 家企业某年产品的销售收入　　　　　　单位：万元

企业编号	销售收入	企业编号	销售收入	企业编号	销售收入	企业编号	销售收入
1	152	11	105	21	103	31	136
2	105	12	123	22	103	32	146
3	117	13	116	23	137	33	127
4	97	14	115	24	138	34	135
5	124	15	110	25	92	35	117
6	119	16	115	26	118	36	113
7	108	17	100	27	120	37	104
8	88	18	87	28	112	38	125
9	129	19	107	29	95	39	108
10	114	20	119	30	142	40	126

4. 某百货公司连续 40 天的商品库存量如表 3.6 所示。根据下面的数据进行适当的分组，编制规范的统计表并绘制适当的图形。

表 3.6　某百货公司连续 40 天的商品库存量　　单位：件

天数	库存量	天数	库存量	天数	库存量	天数	库存量
1	41	11	46	21	34	31	26
2	46	12	37	22	36	32	32
3	35	13	47	23	37	33	43
4	42	14	37	24	39	34	33
5	25	15	34	25	30	35	38
6	36	16	37	26	45	36	36
7	28	17	38	27	44	37	40
8	36	18	37	28	42	38	44
9	29	19	30	29	38	39	44
10	45	20	49	30	43	40	35

5. 为了更为有效地确定投保人，一个保险员收集到 36 个投保人的年龄数据，如表 3.7 所示。试利用该数据绘制茎叶图，并说明茎叶图的特点。

表 3.7　36 个投保人的年龄　　单位：岁

人员编号	年龄	人员编号	年龄	人员编号	年龄	人员编号	年龄
1	23	10	28	19	27	28	19
2	36	11	19	20	43	29	48
3	42	12	39	21	54	30	45
4	34	13	39	22	36	31	44
5	39	14	46	23	34	32	33
6	34	15	45	24	48	33	24
7	35	16	39	25	36	34	25
8	42	17	38	26	31	35	50
9	53	18	45	27	47	36	32

6. 为了确定灯泡的使用寿命，在一批灯泡中随机抽取 100 只进行测试，所得结果见表 3.8。

表 3.8　灯泡的使用寿命　　单位：小时

灯泡编号	使用寿命	灯泡编号	使用寿命	灯泡编号	使用寿命	灯泡编号	使用寿命
1	700	4	668	7	688	10	713
2	706	5	706	8	701	11	716
3	708	6	694	9	693	12	715

续表

灯泡编号	使用寿命	灯泡编号	使用寿命	灯泡编号	使用寿命	灯泡编号	使用寿命
13	729	35	747	57	741	79	679
14	710	36	689	58	717	80	696
15	692	37	685	59	720	81	705
16	690	38	707	60	729	82	707
17	689	39	681	61	691	83	735
18	671	40	726	62	690	84	696
19	697	41	685	63	706	85	710
20	699	42	691	64	698	86	708
21	728	43	695	65	698	87	676
22	712	44	674	66	673	88	683
23	694	45	699	67	698	89	695
24	693	46	696	68	733	90	717
25	691	47	702	69	677	91	718
26	736	48	683	70	703	92	701
27	683	49	721	71	684	93	665
28	718	50	704	72	692	94	698
29	664	51	709	73	661	95	722
30	725	52	708	74	666	96	727
31	719	53	685	75	700	97	702
32	722	54	658	76	749	98	692
33	681	55	682	77	713	99	691
34	697	56	651	78	712	100	688

（1）利用统计软件对上面的数据进行排序。

（2）以10为组距进行等距分组，编制规范的统计表。

（3）根据分组数据绘制直方图，说明数据分布的特征。

7. 表3.9是某种金属零件重量的误差数据，试以10为组距编制零件重量误差的规范统计表，绘制适当的图形并说明零件重量误差分布的特征。

表 3.9　某种金属零件重量的误差　　　　　　　　　　单位：克

编号	误差	编号	误差	编号	误差	编号	误差	编号	误差
1	61.4	11	60.5	21	65.1	31	30.4	41	47.5
2	63.9	12	60.1	22	71.1	32	55.1	42	47.9
3	73.4	13	26.4	23	32.5	33	67.9	43	58.6
4	57.3	14	39.1	24	52.9	34	37.4	44	58.1
5	54.8	15	27.3	25	19.9	35	71.6	45	74.1
6	53.3	16	76.4	26	53.3	36	81.6	46	48.2
7	32.1	17	54.9	27	61.7	37	32.7	47	60.2
8	46.8	18	46.8	28	60.5	38	55.6	48	38.1
9	54.6	19	56.8	29	27.3	39	77.4	49	48.9
10	87.8	20	19.1	30	40.1	40	52.7	50	32.5

8. 表 3.10 是北方某城市 1～2 月每天气温的记录数据。对该数据进行适当的分组，绘制恰当的图形，说明该城市气温分布的特征。

表 3.10　某城市 1～2 月每天的气温数据　　　单位：℃

时间编号	气温	时间编号	气温	时间编号	气温	时间编号	气温
1	−3	16	−15	31	−1	46	−24
2	−14	17	−13	32	−1	47	5
3	−6	18	−4	33	−15	48	5
4	−8	19	−7	34	−19	49	9
5	−14	20	−9	35	0	50	−4
6	−3	21	−16	36	−1	51	−24
7	2	22	−11	37	7	52	−18
8	−18	23	−9	38	0	53	−4
9	−8	24	−4	39	−22	54	−6
10	−6	25	−11	40	−25	55	−6
11	−22	26	−6	41	−1	56	−9
12	2	27	−19	42	7	57	−19
13	−4	28	−12	43	8	58	−17
14	−15	29	−6	44	5	59	−9
15	−12	30	−16	45	−25	60	−5

9. 甲、乙两个班各有 40 名学生，其期末"统计学"考试成绩的分布如表 3.11 所示。请根据下面的数据绘制恰当的、适合两个班考试成绩的对比图并比较两个班考试成绩的分布特征。

表 3.11　考试成绩分布表　　　单位：人

考试成绩	人数	
	甲班	乙班
不及格	3	6
及格	6	15
中等	18	9
良好	9	8
优秀	4	2

10. 现从某学院某专业毕业班学生中随机抽取 15 人进行调查，他们的就业去向如表 3.12 所示。请根据表 3.12 所列数据，设计一个能够反映该数据特征的规范

统计表，并指出所设计的统计表的种类。

表 3.12　15 名学生的就业去向

学生编号	性别	年龄/岁	从事工作的行业
1	男	24	制造业
2	男	21	制造业
3	女	22	制造业
4	女	23	金融服务业
5	男	21	金融服务业
6	男	21	物流运营业
7	女	22	金融服务业
8	女	20	制造业
9	女	23	制造业
10	男	23	物流运营业
11	女	24	物流运营业
12	女	21	制造业
13	女	23	金融服务业
14	男	20	金融服务业
15	女	20	制造业

11. 表 3.13 是一家公司的员工由于病假而缺勤的天数的统计表。

表 3.13　员工病假缺勤天数统计表

缺勤天数/天	员工数/人
0~3	5
3~6	12
6~9	23
9~12	8
12~15	2
合计	50

（1）由于病假，每年缺勤的天数少于 3 天的员工有多少？少于 6 天的员工有多少？

（2）计算累积频数，编制累积频数分布表。

（3）根据累积频数绘制适当的图形，并确定 75% 的员工每年由于病假缺勤的天数不超过多少天。

第四章 数据分布特征的测度

CHAPTER 4

一、选择题

1. 数据集中趋势的描述主要包括两大类（　　）。
   A. 数值平均数和位置平均数　　　　B. 算术平均数和几何平均数
   C. 简单算术平均数和加权算术平均数　D. 众数和中位数
2. 一组数据中出现频数最多的变量值称为（　　）。
   A. 众数　　　　B. 中位数　　　　C. 四分位数　　　　D. 均值
3. 下列关于众数的叙述，不正确的是（　　）。
   A. 一组数据可能存在多个众数　　　B. 众数主要适用于分类数据
   C. 一组数据的众数是唯一的　　　　D. 众数不受极端值的影响
4. 一组数据排序后处于中间位置的变量值称为（　　）。
   A. 众数　　　　B. 中位数　　　　C. 四分位数　　　　D. 均值
5. 一组数据排序后处于25%和75%位置的值称为（　　）。
   A. 众数　　　　B. 中位数　　　　C. 四分位数　　　　D. 均值
6. 一组数据相加后除以数据的个数所得到的结果称为（　　）。
   A. 众数　　　　B. 中位数　　　　C. 四分位数　　　　D. 均值
7. n个变量值连乘积的n次方根称为（　　）。
   A. 众数　　　　B. 中位数　　　　C. 四分位数　　　　D. 几何平均数
8. 非众数组的频数占总频数的比率称为（　　）。
   A. 异众比率　　B. 离散系数　　　C. 平均差　　　　D. 标准差
9. 如果某个数值的标准化值是-2，表明该数值（　　）。
   A. 高于均值2倍的标准差　　　　　B. 低于均值2倍的标准差
   C. 等于2倍的均值　　　　　　　　D. 等于2倍的标准差
10. 如果某个数值的标准化值是3，表明该数据（　　）。

A. 高于均值3倍的标准差　　　　　　B. 低于均值3倍的标准差
C. 等于3倍的均值　　　　　　　　　D. 等于3倍的标准差

11. 经验法则表明，当一组数据为对称钟形分布时，在均值加减1个标准差的范围之内大约有（　　）。
    A. 68%的数据　　　B. 95%的数据　　　C. 99%的数据　　　D. 100%的数据

12. 变异系数（　　）。
    A. 只能消除一组数据的水平对标准差的影响
    B. 只能消除一组数据的计量单位对标准差的影响
    C. 可以消除影响标准差的水平、计量单位等要素
    D. 可以反映一组数据变动范围的大小

13. 两组不同水平的数据相比较（　　）。
    A. 标准差大的离散程度也大　　　　B. 标准差大的离散程度小
    C. 变异系数大的离散程度也大　　　D. 变异系数大的离散程度小

14. 比较两组数值型数据的离散程度最稳妥的统计量是（　　）。
    A. 极差　　　B. 平均差　　　C. 标准差　　　D. 变异系数

15. 偏度系数测度了数据分布的非对称性。如果一组数据的分布是对称的，则其偏度系数（　　）。
    A. 等于0　　　B. 等于1　　　C. 大于0　　　D. 大于1

16. 如果偏度系数不等于0，则表明数据的分布是（　　）。
    A. 非对称的　　　B. 对称的　　　C. 左偏的　　　D. 右偏的

17. 某大学工商管理学院有1500名学生，法学院有800名学生，统计学院有350名学生，外国语学院有180名学生。该组数据的集中趋势值为（　　）。
    A. 1500　　　B. 工商管理学院　　　C. 180　　　D. 外国语学院

18. 某大学工商管理学院有1500名学生，法学院有800名学生，统计学院有350名学生，外国语学院有180名学生。描述该组数据的集中趋势宜采用（　　）。
    A. 众数　　　B. 中位数　　　C. 四分位数　　　D. 均值

19. 某居民社区准备建一个娱乐活动场所，为此，随机抽取了80户居民进行调查，其中表示赞成的有59户，表示中立的有12户，表示反对的有9户。描述该组数据的集中趋势宜采用（　　）。
    A. 众数　　　B. 中位数　　　C. 四分位数　　　D. 均值

20. 某居民社区准备建一个娱乐活动场所，为此，随机抽取了80户居民进行调查，其中表示赞成的有59户，表示中立的有12户，表示反对的有9户。该组数据的中位数是（　　）。
    A. 赞成　　　B. 59　　　C. 中立　　　D. 12

21. 现有一列数：98，67，50，76，75，69，73。其中位数为（　　）。
    A. 76　　　　　B. 66　　　　　C. 73　　　　　D. 69
22. 对于右偏分布，均值、中位数和众数之间的关系是（　　）。
    A. 均值＞中位数＞众数　　　　　B. 中位数＞均值＞众数
    C. 众数＞中位数＞均值　　　　　D. 众数＞均值＞中位数
23. 某班学生"统计学"课程考试的平均成绩是 75 分，最高分是 96 分，最低分是 52 分，根据这些信息，可以计算的测度离散程度的统计量是（　　）。
    A. 方差　　　　B. 极差　　　　C. 标准差　　　　D. 标准分数
24. 某班学生大学英语的平均成绩是 70 分，标准差是 10 分。如果已知该班学生的考试分数为对称分布，可以判断成绩在 60~80 分的学生大约占（　　）。
    A. 95%　　　　B. 89%　　　　C. 68%　　　　D. 99%
25. 某班学生大学英语的平均成绩是 70 分，标准差是 5 分。如果已知该班学生的考试分数为非对称分布，可以判断成绩在 60~80 分的学生大约占（　　）。
    A. 95%　　　　B. 89%　　　　C. 68%　　　　D. 75%
26. 当一组数据中有一项数据为零时，不适宜计算（　　）。
    A. 均值　　　　B. 中位数　　　　C. 几何平均数　　　　D. 众数
27. 某人持有一种股票，连续三年皆获益，但三年的收益率皆不同，要计算这三年的平均收益率应采用的方法为（　　）。
    A. 均值　　　　B. 中位数　　　　C. 几何平均数　　　　D. 众数
28. 测度数据离散程度的相对统计量是（　　）。
    A. 极差　　　　B. 平均差　　　　C. 标准差　　　　D. 变异系数
29. 在比较两组数据的离散程度时，不能直接比较它们的标准差，主要是因为两组数据的（　　）。
    A. 标准差不同　　B. 方差不同　　C. 数据个数不同　　D. 均值不同
30. 两组数据的均值不等，但标准差相等，则（　　）。
    A. 均值小的，离散程度大　　　　B. 均值大的，离散程度大
    C. 均值小的，离散程度小　　　　D. 两组数据的离散程度相同
31. 某服装专卖店在制订女式衬衫进货计划时，主要依据下面哪种方法（　　）。
    A. 均值　　　　B. 中位数　　　　C. 几何平均数　　　　D. 众数
32. "……去掉一个最高分，去掉一个最低分，2 号选手最终得分为 96.75 分"的目的是（　　）。
    A. 上下限不在内原则　　　　B. 消除最大变量值的影响
    C. 消除极端值的影响　　　　D. 简化计算过程
33. 在一个频数分布中，$\bar{x} = 90$，$s = 10$，如果在数据中再加上 80，90，100 这三

个数据,则重新计算的标准差会( )。
A. 变小　　　　B. 变大　　　　C. 不变　　　　D. 无法判断

34. 在甲、乙两个变量数列中,若 $s_甲 < s_乙$,则两个变量数列平均水平的代表性相比较( )。
    A. 两个数列的平均数的代表性相同
    B. 甲数列平均数的代表性大于乙数列
    C. 甲数列平均数的代表性小于乙数列
    D. 不能确定哪个数列的代表性好

35. 四分位差排除了数列两端各多少变量值的影响( )。
    A. 10%　　　　B. 15%　　　　C. 25%　　　　D. 35%

36. 一组数据的偏度系数为 1.3,表明该组数据的分布是( )。
    A. 对称分布　　B. 非对称分布　C. 左偏分布　　D. 右偏分布

37. 测度数据离散程度的指标中,最易受极端值影响的是( )。
    A. 极差　　　　B. 四分位差　　C. 标准差　　　D. 变异系数

38. 计算平均发展速度最适宜的平均数是( )。
    A. 简单算术平均数　　　　　　B. 加权算术平均数
    C. 几何平均数　　　　　　　　D. 调和平均数

39. 某高校在校大学生在全国计算机等级考试中,学生的平均得分是 80 分,标准差是 5 分,中位数是 86 分,则学生得分的分布形状是( )。
    A. 对称的　　　B. 左偏的　　　C. 右偏的　　　D. 无法确定

40. 对某个高速路段驶过的 120 辆小型客车的车速进行测量后,发现平均车速是 85 千米/小时,标准差是 4 千米/小时,下面哪个车速可以看作异常值( )。
    A. 78 千米/小时　B. 82 千米/小时　C. 91 千米/小时　D. 98 千米/小时

二、判断题

1. 利用组中值计算均值是假定各组内的变量值是均匀分布的,计算结果是准确的。( )

2. 几何平均数是计算平均比率和平均速度最适用的一种方法。( )

3. 众数是总体中出现频数最多的变量值,因而,在总体中众数必定存在,而且是唯一的。( )

4. 众数只适用于数值型数据,不适用于顺序数据。( )

5. 对任意两个性质相同的数列,比较其均值的代表性,都可以采用标准差指标。( )

6. 变量值越大，标准差越大；反之，变量值越小，标准差越小。（   ）

7. 甲、乙两组工人生产同一种产品，甲组工人平均日产量为 60 件，标准差为 7.2 件，乙组工人平均日产量为 55 件，标准差为 6.6 件，故工人平均日产量的代表性乙组比甲组大。（   ）

8. 已知一组数据均值是 100，变异系数是 0.2，则方差等于 20。（   ）

9. 若一组数据均值大于众数，则偏度系数为正数，偏度系数越大表明右偏程度越大。（   ）

10. 如果两组数据的变异系数相同，则说明两个均值对各自数列的代表性相同。（   ）

11. 两个企业比较，若甲企业的平均日产量大于乙企业的平均日产量，由此可以肯定它们之间的标准差不能直接比较。（   ）

12. 计算几何平均数时，资料中的各项数值可以是负数。（   ）

13. 中位数是所有数据中间位置的那个值，因此，代表性最强。（   ）

14. "去掉一个最高分，去掉一个最低分，2 号选手最终得分为 96.75 分"，计算结果为修整均值。（   ）

15. 均值只适合数值型数据，不适合顺序数据和分类数据。（   ）

三、思考题

1. 运用本章所学知识，解释"居民收入分配差距问题"。

2. 一般来说，收入是偏态分布。为了了解收入水平，你认为应该选择均值还是中位数、众数？为什么？

3. 若你正在筹划一次晚会，想知道该准备多少饮品以及哪些品牌的饮品，你认为应选择什么方法？

4. 你的朋友计算出一个方差是 –25.0，你怎么能知道他犯了一个非常严重的计算错误？

5. 检查表 4.1 的 3 个样本，不通过计算，指出哪个样本的方差最大，哪个样本的方差最小。解释你是如何得到答案的。

表 4.1　3 个样本检测结果

样本	检测一	检测二	检测三	检测四	检测五
A	17	29	12	16	11
B	22	18	23	20	17
C	24	37	6	39	29

6. 某人想购买一台冰箱，现有如下信息，见表 4.2。

表 4.2　冰箱使用年限情况　　　　　　　　单位：年

指标	A	B
平均使用年限	10	10
最多使用年限	20	12
最少使用年限	2	8

根据上述资料帮助其做出选择，并阐述选择的原因。

7. 在 2008 年北京奥运会女子 10 米气手枪决赛中，进入决赛的 8 名运动员决赛的平均成绩和标准差如表 4.3 所示。评价哪名运动员的发挥更稳定。

表 4.3　8 名运动员决赛的平均成绩及标准差　　单位：环

运动员编号	国家	平均环数	标准差
1	俄罗斯	9.81	0.6154
2	中国	10.23	0.4373
3	蒙古国	9.26	0.7074
4	格鲁吉亚	10.14	0.5461
5	白俄罗斯	9.80	0.6498
6	波兰	9.73	0.7334
7	塞尔维亚	9.69	0.3573
8	芬兰	9.65	0.4625

8. 在某次针对大学一年级新生出勤情况的检查中，该校教务处公布了如下统计结果：经济学院、统计学院和会计学院的出勤率分别为 90%、95% 和 85%，三个学院的平均出勤率为 90%。已知三个学院的新生总人数分别为 500 人、200 人和 800 人。请说明教务处对平均出勤率的计算是否正确，并说明理由。

9. 某银行为缩短顾客到银行办理业务的等待时间，拟比较两种排队方式，做出决策。第一种排队方式的平均等待时间是 7.5 分钟，标准差是 1.97 分钟；第二种排队方式的平均等待时间是 6.9 分钟，标准差是 1.79 分钟。请回答：

（1）上述两种排队方式中，哪种排队方式的等待时间长？

（2）哪种排队方式等待时间的稳定性较好？

（3）若让你做出决策，你认为应选择哪一种方式？

10. 一家公司在招聘员工时，应试者需要通过两项能力测试。在第一项测试中，均值是 100 分，标准差是 15 分；在第二项测试中，均值是 400 分，标准差是 50 分。一位应试者的测试结果是，第一项测试得了 115 分，第二项测试得了 425 分。与均值相比，这位应试者哪一项测试更为理想？

四、计算分析题

1. 某学校二年级甲班学生的英语考试成绩的分组资料如表 4.4 所示。

表 4.4　甲班学生英语考试成绩分布表

考试成绩/分	甲班学生人数/人
60 以下	8
60~70	12
70~80	18
80~90	10
90 及以上	6
合计	54

已知资料：乙班学生英语考试的平均成绩为 73.8 分，标准差为 9.93 分。要求：

（1）计算甲班学生英语考试的平均成绩和标准差。

（2）甲、乙两班哪个班级的平均成绩更具有代表性？

2. 下面的数据是某大学体育运动队 5 名队员跑 0.25 英里（1 英里=1.609 344 千米）和 1 英里所用的时间，如表 4.5 所示。

表 4.5　5 名运动员跑步所用时间情况　　单位：分钟

运动员编号	0.25 英里	1 英里
1	0.92	4.52
2	0.98	4.35
3	1.04	4.60
4	0.90	4.70
5	0.99	4.50

一位教练看到这 5 名队员的记录后，认为跑 0.25 英里的时间更具一致性。你认为该教练的说法是否成立？为什么？

3. 甲、乙两厂生产同种电子元件，在上述两厂各随机抽取了 50 只元件，检查其耐用时间，将该数据进行分组得到表 4.6 的资料。

表 4.6　电子元件的耐用时间情况

耐用时间/小时	抽查元件数量/只 甲厂	抽查元件数量/只 乙厂
1000 以下	4	3
1000~1200	30	11
1200~1400	11	31
1400 及以上	5	5
合计	50	50

（1）计算并比较哪个厂电子元件的平均耐用时间长。

（2）计算并比较哪个厂电子元件的耐用时间差异较大。

4. 为了了解学生的身体素质状况，学校的保健医生从全校所有学生中随机抽取了 50 名学生作为样本，其中，男生 30 人，女生 20 人，得到这些学生的体重，经过分组得到的结果如表 4.7 所示。

表 4.7　男同学体重分布表

体重/公斤	男生人数/人
50 以下	2
50～60	2
60～70	15
70～80	7
80 及以上	4
合计	30

注：1 公斤 = 1 千克

（1）计算男生的平均体重。

（2）计算男生体重的标准差。

（3）已知女生的平均体重为 60 公斤，体重标准差为 10 公斤。比较说明男生体重差异大还是女生体重差异大。

5. 现从某中学学生中抽取出 100 名学生，其年龄的分组数据如表 4.8 所示。

表 4.8　100 名学生年龄分布表

学生年龄/岁	各年龄组学生所占比重/%
12	8
13	10
14	22
15	25
16	15
17	10
18	10
合计	100

（1）计算该中学学生年龄的众数、中位数、均值和标准差。

（2）根据上述指标之间的关系，说明年龄的分布特征。

6. 随机抽取 36 个网络用户，得到他们的年龄数据如表 4.9 所示。

表 4.9　36 个网络用户年龄情况　　　　　　　单位：岁

人员编号	年龄	人员编号	年龄	人员编号	年龄	人员编号	年龄
1	18	10	20	19	34	28	34
2	23	11	29	20	17	29	37
3	30	12	38	21	24	30	36
4	23	13	19	22	18	31	40
5	41	14	22	23	16	32	33
6	15	15	31	24	24	33	24
7	21	16	25	25	30	34	42
8	20	17	22	26	31	35	24
9	27	18	19	27	36	36	32

（1）计算众数、中位数、均值。
（2）计算标准差、方差。
（3）简述均值、众数和中位数三者有何关系。
（4）对网民年龄的分布特征进行综合分析。

7. 某企业 2018 年的产量为 100 万吨，2019 年与 2018 年相比增长率为 8%，2020 年与 2019 年相比增长率为 15%，2021 年与 2020 年相比增长率为 18%，求该段时间内的年平均增长率。

8. 某商品流通企业 9 月每天的销售额数据如表 4.10 所示。

表 4.10　9 月每天的销售额　　　　　　　单位：万元

日期	销售额	日期	销售额
1	206	16	230
2	247	17	241
3	202	18	208
4	188	19	234
5	260	20	218
6	190	21	253
7	186	22	223
8	215	23	213
9	228	24	272
10	242	25	199
11	211	26	219
12	231	27	245
13	251	28	225
14	224	29	237
15	217	30	207

（1）计算该企业日销售额的均值和中位数。

（2）计算该资料的上四分位数和下四分位数。

（3）计算日销售额的极差、四分位差和标准差。

9. 一家汽车零售店的10名销售人员在当年4月及5月销售的汽车数量见表4.11。

表 4.11　4月及5月汽车的销售量　　　　　　　　单位：台

销售人员序号	4月销量	5月销量
1	2	0
2	10	7
3	4	5
4	7	12
5	14	33
6	12	14
7	10	8
8	14	10
9	15	22
10	12	9
总计	100	120

（1）计算汽车零售店销售人员4月和5月汽车销售量的四分位数、均值和标准差。

（2）该汽车零售店4月和5月相比，哪个月的销售量更稳定？

（3）请对这个汽车零售店销售人员两个月的销售量业绩进行评价。

10. 某省"十三五"期间的人均地区生产总值水平的有关资料如表4.12所示。

表 4.12　某省"十三五"期间的人均地区生产总值水平资料表

人均地区生产总值/万元	地区数/个
1～3	1
3～5	3
5～7	5
7～9	2
9～11	1

根据表中资料计算该省人均地区生产总值水平的均值、众数、中位数、标准差，并计算变异系数。

11. 某地区2022年农村居民家庭按纯收入分组的有关数据如表4.13所示。

表 4.13　农村居民家庭按纯收入分组表

年纯收入/万元	户数比重/%
5 以下	3.28
5～10	13.45
10～15	21.35
15～20	20.52
20～25	16.93
25～30	10.35
30～35	6.46
35～40	3.23
40～45	1.68
45～50	1.81
50 及以上	0.94
合计	100

根据表 4.13 资料计算偏度系数和峰度系数，并指出分布的类型。

12. 甲、乙两班各有 10 名同学参加一场智力测验，其成绩如表 4.14 所示。

表 4.14　智力测验成绩表　　　　　　　　　　单位：分

甲班		乙班	
同学编号	测验成绩	同学编号	测验成绩
1	98	1	91
2	89	2	87
3	87	3	94
4	78	4	96
5	95	5	91
6	76	6	93
7	93	7	97
8	92	8	88
9	93	9	91
10	62	10	86

通过 Excel 对上述数据进行描述统计的结果如表 4.15 所示。

表 4.15　Excel 处理数据的描述统计分析表

统计量	甲班	乙班
平均成绩/分	86.3	91.4
标准误差/分	3.5	1.2
中位数/分	90.5	91
众数/分	93	91
标准差/分	11.1	3.7
样本方差/分^2	123.1	13.6

续表

统计量	甲班	乙班
峰度系数	1.3	−1.0
偏度系数	−1.3	0.03
极差/分	36	11
最低成绩/分	62	86
最高成绩/分	98	97
总成绩/分	863	914
人数/人	10	10

（1）根据表 4.15 资料，你认为哪个班的同学考得好些？为什么？

（2）从表 4.15 中，你得到了哪些信息？

13. 一种产品需要人工组装，现有 A、B、C 三种可供选择的组装方式。为检验哪种方式更有效，随机抽取 15 名工人，让他们分别用 A、B、C 三种方式组装。15 名工人分别用三种方式在相同的时间内组装的产品数量见表 4.16。

表 4.16　三种可供选择的组装方式　　　　单位：件

方式 A	方式 B	方式 C
164	129	125
167	130	126
168	129	126
165	130	127
170	131	126
165	130	128
164	129	127
168	127	126
164	128	127
162	128	127
163	127	125
166	128	126
167	128	116
166	125	126
165	132	125

（1）你准备采用什么方法来评价上述三种组装方式的优劣？

（2）如果让你选择一种组装方式，你会做出怎样的选择？试说明理由。

14. 对某地区农村居民家庭的收入进行调查，现随机抽取 300 户居民为样本，得到人均纯收入数据如表 4.17 所示。

表 4.17　300 户人均纯收入分组表

人均纯收入/元	居民户数/户
1000 以下	1
1000～1500	10
1500～2000	30
2000～2500	58
2500～3000	78
3000～3500	63
3500～4000	20
4000～4500	28
4500～5000	10
5000 及以上	2
合计	300

（1）计算均值、中位数和众数。

（2）简要说明每个统计量所提供的信息。

15. 对 20 名学生进行心理测试的结果如表 4.18 所示。

表 4.18　20 名学生心理测试结果　　　　　　　　单位：分

学生编号	测试结果	学生编号	测试结果
1	40	11	77
2	52	12	60
3	85	13	74
4	66	14	80
5	84	15	71
6	67	16	64
7	74	17	64
8	64	18	59
9	72	19	43
10	55	20	64

（1）计算众数、中位数、均值。

（2）计算极差、标准差及方差。

（3）确定该数据的分布类型。

16. 某公司员工的季度工资情况如表 4.19 所示。

表 4.19　某公司员工的季度工资情况表

季度工资/元	员工人数/人
1000 以下	5
1000～1200	10
1200～1400	20
1400～1600	10
1600 及以上	5

（1）在众数、中位数和均值三个统计量中，你认为哪个统计量能概括该公司员工工资的情况？为什么？

（2）计算你认为能概括该公司员工工资情况的统计量。

17. 表 4.20 所列的是 1983～1995 年发生在不同国家的主要地震事件的按里氏标准测量的地震等级和死亡人数。

表 4.20　不同国家的地震等级和死亡人数

国家	地震等级/级	死亡人数/人	国家	地震等级/级	死亡人数/人
哥伦比亚	5.5	250	伊朗	7.7	40 000
日本	7.7	81	菲律宾	7.7	1 621
土耳其	7.1	1 300	巴基斯坦	6.8	1 200
智利	7.8	146	土耳其	6.2	4 000
墨西哥	8.1	4 200	美国	7.5	1
厄瓜多尔	7.3	4 000	印度尼西亚	7.5	2 000
印度	6.5	1 000	印度	6.4	9 748
中国	7.3	1 000	印度尼西亚	7.0	215
亚美尼亚	6.8	55 000	哥伦比亚	6.8	1 000
美国	5.9	62	阿尔及利亚	6.0	164
秘鲁	6.3	114	日本	7.2	5 477
罗马尼亚	6.5	8	俄罗斯	7.6	2 000

（1）分别计算按里氏标准测量的地震等级和死亡人数的均值和中位数。

（2）在这两个变量中，你将选择哪一个作为集中趋势的度量？为什么？

18. 表 4.21 是三种不同股票组合未来回报率的分布。

表 4.21　三种不同股票组合未来回报率的分布

股票组合 A		股票组合 B		股票组合 C	
回报率/%	概率	回报率/%	概率	回报率/%	概率
0.20	0.05	0.15	0.10	0.25	0.05
0.15	0.15	0.10	0.20	0.20	0.10

续表

股票组合 A		股票组合 B		股票组合 C	
回报率/%	概率	回报率/%	概率	回报率/%	概率
0.10	0.26	0.05	0.30	0.15	0.25
0.05	0.20	0.00	0.20	0.10	0.20
0.00	0.15	−0.05	0.10	0.05	0.15
−0.05	0.10	−0.10	0.07	0.00	0.10
−0.10	0.05	−0.15	0.03	−0.05	0.07
−0.15	0.03	—	—	−0.10	0.05
−0.20	0.01	—	—	−0.15	0.03

（1）哪一种组合最有可能使投资者得到负的投资回报率？证实你的结论。

（2）计算每一种投资组合的均值和标准差，并将均值和标准差绘制在一张图上。

（3）你选择哪一种投资组合？说明选择的理由。

第五章 参数估计

一、选择题

1. 抽样分布是指（　　）。
   A. 一个样本各观测值的分布
   B. 总体中观测值的分布
   C. 样本统计量的分布
   D. 样本数量的分布

2. 中心极限定理表明，如果样本量为 n 的样本来自一个非正态总体，则样本均值（　　）。
   A. 服从正态分布
   B. 只有当 $n<30$ 时近似服从正态分布
   C. 只有当 $n>30$ 时近似服从正态分布
   D. 服从非正态分布

3. 如果一个总体的均值为 50，标准差为 8，采用重复抽样的方法，从该总体中随机抽取样本量为 64 的一个样本，则样本均值的期望和标准差分别为（　　）
   A. 50，8   B. 50，1   C. 50，4   D. 8，8

4. 乘客到达登机口到飞机起飞的时间通常是右偏的，均值为 10 分钟，标准差为 8 分钟。采用重复抽样的方法随机抽取 100 架飞机，则等待时间均值的抽样分布是（　　）。
   A. 右偏，且标准差为 0.8 分钟
   B. 正态分布，且标准差为 0.8 分钟
   C. 右偏，且标准差为 8 分钟
   D. 正态分布，且标准差为 8 分钟

5. 假设总体比例为 0.6，采用重复抽样的方法，从该总体中抽取一个样本量为 100 的简单随机样本，则样本比例的标准差为（　　）。
   A. 0.05   B. 0.04   C. 0.004   D. 0.049

6. 估计量的含义是（　　）。
   A. 用来估计总体参数的统计量的名称
   B. 用来估计总体参数的统计量的具体数值
   C. 总体参数的名称
   D. 总体参数的具体数值

7. 无偏估计是指（ ）。

   A. 样本统计量的值恰好等于总体参数

   B. 样本统计量的数学期望等于总体参数

   C. 样本估计值围绕总体参数上下波动使其误差最小

   D. 样本量扩大到与总体单位数一致时，等于总体参数

8. 若估计量 $\hat{\theta}$ 满足 $E(\hat{\theta})=\theta$，则称该估计量是一个（ ）。

   A. 无偏估计量　　B. 有效估计量　　C. 一致估计量　　D. 稳定估计量

9. 对于同一总体的两个无偏估计量 $\hat{\theta}_1$ 和 $\hat{\theta}_2$，若 $\mathrm{Var}(\hat{\theta}_1) < \mathrm{Var}(\hat{\theta}_2)$，则称 $\hat{\theta}_1$ 是一个（ ）。

   A. 更有效的估计量　　　　　B. 无偏估计量

   C. 一致估计量　　　　　　　D. 稳定估计量

10. 一个估计量的一致性是指（ ）。

    A. 该估计量的数学期望等于被估计的总体参数

    B. 该估计量的方差比其他估计量的方差小

    C. 随着样本量的增大，该估计量的值越来越接近估计的总体参数

    D. 该估计量的方差比其他估计量的方差大

11. 下列说法中不正确的是（ ）。

    A. 样本均值是总体均值的无偏估计量

    B. 样本比例是总体比例的无偏估计量

    C. 样本标准差是总体标准差的无偏估计量

    D. 样本中位数及其均值都是总体均值的无偏估计量，但样本均值具有较小方差

12. 用样本估计量的值直接作为总体参数的估计值，这一估计方法称为（ ）。

    A. 点估计　　B. 区间估计　　C. 无偏估计　　D. 有效估计

13. 点估计的缺点是（ ）。

    A. 不能给出总体参数的准确估计　　B. 不能给出总体参数的有效估计

    C. 不能给出点估计值与总体参数真实值接近程度的度量

    D. 不能给出总体参数的准确区间

14. 某校有学生 8000 人，随机抽取 100 人进行调查，其中有 20 人对学校后勤管理有意见，则该校学生中对学校后勤管理有意见的人数的点估计值为（ ）。

    A. 20%　　B. 20　　C. 100　　D. 1600

15. 在一定的置信水平下，根据样本估计量构造的总体参数的估计区间称为（ ）。

    A. 有效区间　　B. 置信区间　　C. 无偏区间　　D. 一致区间

16. 总体参数的置信区间是由样本统计量的点估计值加减（　　）得到的。
    A. 样本统计量的抽样标准差　　　　B. 总体标准差
    C. 边际误差　　　　　　　　　　　D. 置信水平的临界值

17. 置信水平一定时，置信区间的宽度（　　）。
    A. 随着样本量的增大而减小　　　　B. 随着样本容量的增大而增大
    C. 与样本量的大小无关　　　　　　D. 与样本量的平方根成正比

18. 在其他条件不变时，置信水平 $1-\alpha$ 越大，则区间估计的（　　）。
    A. 误差范围越大　　　　　　　　　B. 精确度越高
    C. 置信区间越小　　　　　　　　　D. 可靠程度越低

19. 总体均值的置信区间等于样本均值加减边际误差，其中边际误差等于置信水平对应的临界值乘以（　　）。
    A. 样本均值的标准差　　　　　　　B. 样本标准差
    C. 样本方差　　　　　　　　　　　D. 总体标准差

20. 在估计某一总体的均值时，随机抽取 n 个单元作样本，用样本均值作估计量，在构造置信区间时，发现置信区间太宽，最可能的原因是（　　）。
    A. 样本量太小　　　　　　　　　　B. 估计量缺乏有效性
    C. 选择的估计量有偏　　　　　　　D. 抽取样本时破坏了随机性

21. 根据一个具体的样本求出的总体均值置信水平为 95% 的置信区间（　　）。
    A. 以 95% 的概率包含总体均值　　　B. 有 5% 的可能性包含总体均值
    C. 一定包含总体均值
    D. 要么包含总体均值，要么不包含总体均值

22. 根据某班学生考试成绩的一个样本，用 95% 的置信水平构造的该班学生平均考试成绩的置信区间为 75~85 分。全班学生的平均成绩（　　）。
    A. 肯定在这一区间内
    B. 要么在这一区间内，要么不在这一区间内
    C. 有 5% 的可能性在这一区间内
    D. 有 95% 的可能性在这一区间内

23. 以样本均值为估计量对总体均值进行区间估计，且总体方差已知，则如下说法正确的是（　　）。
    A. 95% 的置信区间比 90% 的置信区间宽
    B. 样本量较小的置信区间较窄
    C. 相同置信水平下，样本量大的置信区间较宽
    D. 样本均值越小，置信区间越宽

24. 在其他条件不变的情况下，当总体数据的离散程度变大时，总体均值的置信区间（　　）。

   A. 可能变宽也可能变窄

   B. 变窄　　　　C. 变宽　　　　　　D. 保持不变

25. 设 $\hat{\theta}$ 是 θ 的一个无偏且一致的估计量，当用 $1-\alpha$ 的置信水平确定置信区间以后，对于这一置信区间的宽度（　　）。

   A. 只要进一步增大样本量，可以达到任意高的置信水平

   B. 无论如何增大样本量也不能提高置信水平

   C. 即使样本量不变也可提高置信水平

   D. 对于固定的置信区间，无论样本量发生何种变动，其置信水平 $1-\alpha$ 始终不会变更

26. 当正态总体的方差未知时，在大样本条件下，估计总体均值应使用（　　）。

   A. 正态分布　　　B. t 分布　　　C. χ^2 分布　　　D. F 分布

27. 对于非正态总体，在大样本条件下，估计总体均值应使用的分布是（　　）。

   A. 正态分布　　　B. t 分布　　　C. χ^2 分布　　　D. F 分布

28. 当正态总体的方差已知时，在小样本条件下，估计总体均值应使用的分布是（　　）。

   A. 正态分布　　　B. t 分布　　　C. χ^2 分布　　　D. F 分布

29. 在参数估计中，利用 t 分布构造置信区间的条件是（　　）。

   A. 总体服从正态分布且方差已知

   B. 总体为正态分布，方差未知且是小样本

   C. 总体不一定是正态分布，但应是大样本

   D. 总体不一定是正态分布，但需要方差已知

30. 从某一正态总体中抽出样本量为 15 的同一样本，在总体方差 σ^2 已知和未知的情况下，分别对总体均值做区间估计，若将总体方差 σ^2 未知的情况下估计的区间记为区间 a，在总体方差 σ^2 已知的情况下估计的区间记为区间 b，则以下说法正确的是（　　）。（取 $\alpha = 0.05$）

   A. 若 $\sigma^2 = s^2$，则 a 宽于 b　　　　B. 若 $\sigma^2 > s^2$，则 a 宽于 b

   C. 若 $\sigma^2 > s^2$，则 b 宽于 a　　　　D. 若 $\sigma^2 < s^2$，则 b 宽于 a

31. 根据城市电话网的 100 次通话情况记录，得知每次通话的平均持续时间为 4 分钟，标准差为 2 分钟，在概率保证为 95.45% 的要求下，估计该市每次通话时间（　　）。

   A. 3.9～4.1 分钟　　B. 3.8～4.2 分钟　　C. 3.7～4.3 分钟　　D. 3.6～4.4 分钟

32. 某公司为了了解其员工平均每天上班花费在交通上的时间,询问了10名员工,得到的结果是:这10名员工平均每天花费在交通上的时间为3.2小时,标准差为0.9小时,若置信区间为[2.2,4.2],则显著性水平是( )。
   A. α>0.025　　　　　　　　　　B. α>0.05
   C. 0.05>α>0.01　　　　　　　　D. α<0.01

33. 某品牌袋装糖果每袋重量的标准是500±5克。为了检验该产品的重量是否符合标准,现从某日生产的这种糖果中抽查10袋,测得平均每袋重量为498克。下列说法中错误的是( )。
   A. 样本量为10　　　　　　　　　　B. 抽样误差是2
   C. 样本平均每袋重量是估计量　　　D. 498为估计值

34. 在大样本条件下,估计总体比例应使用的分布是( )。
   A. 正态分布　　　　　　　　　　　B. t 分布
   C. χ^2 分布　　　　　　　　　　D. F 分布

35. 对总体比例进行区间估计时,得到样本量为100的样本。取 α = 0.05 进行区间估计,边际误差不会超过( )。
   A. 0.01　　　B. 0.02　　　C. 0.05　　　D. 0.1

36. 在某个电视节目的收视率调查中,随机抽取165个家庭构成样本,其中观看该节目的家庭有101个。用90%的置信水平估计观看该节目的家庭比率,其置信区间为( )。
   A. 61%±3%　　B. 61%±4%　　C. 61%±5%　　D. 61%±6%

37. 一个正态总体的方差估计应使用的分布是( )。
   A. 正态分布　　B. t 分布　　C. χ^2 分布　　D. F 分布

38. 总体方差的无偏估计量是( )。
   A. $\dfrac{\sum(x-\bar{x})^2}{n}$　　　　　　　B. $\dfrac{\sum(x-\bar{x})^2}{n-1}$
   C. $\dfrac{\sum(x-\bar{x})^2}{n+1}$　　　　　　D. $\sqrt{\dfrac{\sum(x-\bar{x})^2}{n-1}}$

39. 在其他条件相同的情况下,总体方差越大,估计时所需的样本量( )。
   A. 越大　　　B. 越小　　　C. 可能大也可能小　　　D. 不变

40. 在其他条件不变的情况下,要使置信区间的宽度缩小一半,样本量应增加( )。
   A. 一半　　　B. 一倍　　　C. 三倍　　　D. 四倍

二、判断题

1. 抽样调查中既存在抽样误差，又存在非抽样误差，因此，抽样调查的误差比全面调查更大。（   ）

2. 当总体服从正态分布时，无论样本量如何，样本均值的抽样分布都服从正态分布。（   ）

3. 抽样分布是进行一次抽样而得到一个样本形成的。（   ）

4. 抽样分布是指样本统计量的概率分布。（   ）

5. 在简单随机抽样中，放回抽样的估计误差一般小于不放回抽样。（   ）

6. 样本统计量是一个随机变量，其取值随着所抽取的样本的不同而不同。（   ）

7. 要提高抽样估计的精度，只能增大样本量。（   ）

8. 根据一个具体的样本得到的，总体均值置信水平为 95% 的置信区间以 95% 的概率包含总体均值。（   ）

9. 置信区间越宽，估计的精确性越低。（   ）

10. 置信区间越宽，估计的可靠性越低。（   ）

11. 对于正态分布总体，即使总体方差未知，也可以用正态分布来计算总体均值的估计区间。（   ）

12. 对于总体比例的估计，只要样本量大于 30，就可以用正态分布来计算估计区间。（   ）

13. 估计一个总体的方差使用的分布是 χ^2 分布，且分布的自由度为 $n-2$。（   ）

14. 估计两个正态总体的均值之差，当方差未知时，需使用 t 统计量。（   ）

15. 估计两个总体方差之比使用的分布是 F 分布，且分布的自由度为 $n-1$。（   ）

三、思考题

1. 从均值为 200，标准差为 50 的总体中，抽取样本量为 100 的简单随机样本，样本均值 $\bar{x}$ 用于估计总体均值。问：

（1）$\bar{x}$ 的数学期望是多少？

（2）$\bar{x}$ 的标准差是多少？

（3）$\bar{x}$ 的抽样分布是什么？

（4）$\bar{x}$ 的抽样分布说明什么？

2. 假设有 A、B、C 三个总体的平均数都是 500，它们的标准差分别为 25、

50、100。现在分别从这三个总体中有放回地各取一个样本，样本量都是100，计算出三个样本均值为489、506和502。但是，这里的次序被弄乱了。你如何分辨出这三个样本分别来源于哪一个总体？

3. 若要估计即将毕业的在校大学生对就业感到乐观者所占的比例，在全国100所重点大学中每所大学分别随机抽取25个男生和25个女生，共计抽取5000名学生构成样本。试问这样的样本能否得到好的估计结果？为什么？

4. 如果得到总体均值的一个置信水平为95%的置信区间(3.5, 5.5)，是否可以说区间(3.5, 5.5)以95%的概率覆盖总体均值？为什么？

5. 根据以往的经验，某乡农户的年收入分布曲线是一个严重偏斜的非对称曲线。现随机抽取25户进行调查，他们的户均年收入为13 200元。为了估计该乡农户的户均年收入，能否根据上述数据求得一个置信水平为95%的置信区间？为什么？

6. 有50个调查者分别对同一个正态总体进行抽样，样本量都是100，总体方差未知，他们分别根据各自的样本数据得到总体均值的一个置信水平为90%的置信区间。试问：

（1）这些置信区间中应该大约有多少个区间会覆盖总体均值？

（2）这些置信区间的中心相同吗？

（3）这些置信区间的宽度完全相等吗？

7. 有一个商店雇员问了10个顾客对本商店的服务是否满意，结果有7个人说满意。于是该雇员根据公式 $p \pm z_{\alpha/2} \sqrt{\dfrac{p(1-p)}{n}}$ 得到满意顾客比例的置信水平为95%的置信区间为(42%, 98%)。这样做是否合适？为什么？

8. 从某市区居民家庭中随机抽出200户构成一个样本，其中有196户安装了住宅电话。若要估计该市区所有家庭中安装了住宅电话的家庭数所占百分比的置信区间，是否可以采用公式 $\hat{p} \pm z_{\alpha/2} \sqrt{\dfrac{\hat{p}(1-\hat{p})}{n}}$？若可以，求出置信水平为99.7%的置信区间；若不能，解释为什么。

9. 某研究者欲了解某所综合性大学的全体男生的体重情况。他对一个由400名男生组成的随机样本进行了测量，其中有40人的体重超标。请根据这些数据，选择一个较为合理的陈述（并给予简要的解释）。

（1）该校全体男生中约10%的人体重超标。

（2）该校全体男生中约10%的人体重超标，这个结果可能有2~3个百分点的误差。

（3）该校全体男生中约10%的人体重超标，这个结果可能有5~6个百分点的误差。

10. 某企业根据对顾客随机抽样的样本信息推断：对本企业产品表示满意的顾客比例的 95%置信水平的置信区间是(56%, 64%)，试判断下列说法正确与否。

（1）总体比例的置信水平为 95%的置信区间为(56%, 64%)。

（2）总体真实比例有 95%的可能落在(56%, 64%)中。

（3）区间(56%, 64%)有 95%的概率包含了总体真实比例。

（4）在 100 次抽样得到的 100 个置信区间中，约有 95 个覆盖了总体真实的比例。

11. 如果一条广告说，某药品的总有效率为 90%，其边际误差为 3%，那么这条广告给出了什么信息？你相信这条广告吗？广告发布者隐瞒了什么信息？

12. 在设计一个抽样方案时，样本量应该越大越好吗？

四、计算分析题

1. 某快餐店想要估计每位顾客午餐的平均花费金额，在为期 3 周的时间里选取 49 名顾客组成了一个简单随机样本。

（1）假定总体标准差为 15 元，求样本均值的抽样标准误差。

（2）在 95%的置信水平下，求边际误差。

（3）如果样本均值为 120 元，求总体均值 μ 的置信水平为 95%的置信区间。

2. 某商业公司为了解某地区居民对某种商品的需要，抽查了 100 户，得到样本居民月均需要量为 10 公斤，样本方差为 9 公斤^2，如果预计供应 10 000 户，最少应准备多少商品才能以 95%的置信水平满足需要？

3. 对某地区小麦产量进行抽样调查，以 1/10 亩①的播种面积为一块样地，随机抽取了 100 块样地进行实测。调查结果为：平均每块样地的产量为 48.7 千克，标准差为 5.8 千克。要求：

（1）分别以 70%、95%、99%的置信水平估计该地区小麦平均每块样地产量的置信区间，并由计算结果观察置信水平变化对置信区间的影响。

（2）假如该地区小麦的播种面积为 5000 亩，试以 95%的置信水平估计该地区小麦总产量的置信区间。

（3）若其他数据不变而抽查的样地有 400 块，试以 95%的置信水平估计该地区小麦平均每块样地产量的置信区间，并观察样本量变化对置信区间的影响。

4. 某超市想要估计每个顾客平均每次购物花费的金额，在一个月的时间内随机抽取了 100 名顾客进行调查，平均消费金额为 118 元，样本标准差为 135 元。要求：

（1）以 95.45%的置信水平估计平均消费金额的置信区间。

---

① 1 亩 ≈ 666.67 平方米。

（2）根据现有数据，该超市还想进行一次顾客满意度调查，经理根据经验认为顾客满意度不低于 80%，如果按 95.45% 的置信水平要求边际误差不超过 4%，应抽取多少顾客作样本？

5. 按重复抽样的方式抽取 40 名学生，对其英语考试成绩进行检查，资料如表 5.1 所示。

表 5.1　40 名学生的英语考试成绩

考试成绩/分	学生人数/人
60 以下	3
60～70	6
70～80	15
80～90	12
90 及以上	4

（1）以 95.45% 的置信水平推断全部学生考试成绩的区间范围。
（2）以 95.45% 的置信水平推断全部学生中 80 分以上学生所占比重的区间范围。

6. 某地区成年人的睡眠时间呈正态分布。一项随机抽样调查显示，由 16 个成年人的睡眠时间组成的样本为：6.5，6.8，6.8，7.0，7.1，7.2，7.2，7.4，7.4，7.5，7.5，7.5，7.6，7.8，8.0，8.5（单位：小时）。

（1）假如已知总体方差为 0.3 小时^2，总体均值的置信区间是什么？
（2）假如总体是非正态分布的，能否计算出总体均值的置信区间？
（3）能否根据正态分布估计该地区成年人中睡眠时间不足 7.5 小时的人数所占百分比的置信区间？

7. 某糖果厂用自动包装机装糖，每包的重量服从正态分布，且总体方差为 25 克^2。某日开工后随机调查 10 包的重量如下：494，495，503，506，492，493，498，507，502，490（单位：克）。试根据以上数据对该日生产糖果的平均每包重量进行区间估计（置信水平为 95%）。

8. 在对某住宅小区居民的调查中，随机抽取 48 个家庭构成样本，其中有 36 个家庭对小区的物业服务表示不满意。

（1）请估计该小区所有家庭对物业服务不满意的比例的置信区间（置信水平为 95%）。
（2）该物业公司采取措施提高服务质量，两个月后打算再做一次这种调查，预计不满意的比例将不高于 50%，仍采用 95% 的置信水平，并且要求边际误差不超过 4%，需要抽取多少个家庭构成样本？

9. 某行业协会想了解本行业的整体经营状况。随机抽取 800 个企业进行审计，发现有 144 个企业有潜在亏损风险。

（1）根据 99%的置信水平估计有潜在亏损风险的企业所占比例的置信区间。

（2）如果将置信水平由 99%降低到 95%，置信区间会有什么变化？

10. 作为质量管理计划的一部分，某锻造厂想估计生产的铁板重量的方差。由 51 个样品组成的样本的方差为 0.021 吨^2，试以 95%的置信水平估计铁板重量的方差。

11. 电子元件厂日产 10 000 只元件，经多次一般测试得知一等品率为 92%，现拟采用随机不放回的抽样方式进行抽检，如果要求边际误差在 2%之内，置信水平为 95%，需抽取多少电子元件？

12. 某公司欲将某种产品推向某国市场，为此先进行抽样调查，以了解该产品在该国家的家庭拥有情况，以 95%的置信水平要求估计的边际误差不超过 5%，应抽取多少家庭进行调查？

13. 某厂日产产品 5000 件，最近几次产品质量检查所得的不合格率分别为 4.6%、3.5%、5%。现对产品的不合格率进行抽样检查，要求抽样误差不超过 2%，置信水平为 95.45%，每日至少应抽查多少件产品？

14. 某公司有 A、B 两个工厂制作同样的产品。某日从两个工厂各随机抽取 20 名工人进行观察。不久 B 厂实施了一项改革，改革后又进行了一次调查。被调查工人的产量如表 5.2 所示（B 厂同一序号的产量是同一个工人改革前后的产量）。

表 5.2　工人的产量　　　　　　　　　　单位：件

序号	A 厂	B 厂	改革后 B 厂	序号	A 厂	B 厂	改革后 B 厂
1	34	15	14	11	25	15	15
2	14	31	34	12	9	6	9
3	35	26	23	13	33	27	35
4	11	5	9	14	24	15	20
5	30	19	24	15	14	29	36
6	19	33	29	16	11	12	17
7	21	24	28	17	21	28	25
8	13	9	15	18	31	22	21
9	36	12	20	19	18	10	14
10	17	19	24	20	19	23	31

试以 95%的置信水平估计：

（1）A、B 两厂（改革前）的工人平均产量之差的置信区间。

（2）B 厂改革前后工人平均产量之差的置信区间。

15. 有甲、乙两个居民区，从甲区抽取 400 户居民，其中有 18%的居民家庭至少有 1 名学龄前儿童，从乙区抽取 600 户居民，其中有 23%的居民家庭至少有 1 名学龄前儿童。请以 95%的置信水平对两个居民区中有至少 1 名学龄前儿童的家庭的比例的差进行估计。

第六章 假设检验

一、选择题

1. 对总体参数的具体数值所做的陈述称为（　　）。
   A. 假设 B. 参数估计 C. 假设检验 D. 双侧检验

2. 原假设通常是研究者（　　）。
   A. 想收集证据予以支持的假设 B. 想收集证据予以反对的假设
   C. 想要支持的一个正确假设 D. 想要反对的一个正确假设

3. 在假设检验中，原假设总是表示（　　）。
   A. 总体参数会变大 B. 总体参数会变小
   C. 总体参数没有变化 D. 样本统计量没有变化

4. 在假设检验中"＝"总是放在（　　）。
   A. 原假设上 B. 可以放在原假设上，也可以放在备择假设上
   C. 备择假设上 D. 有时放在原假设上，有时放在备择假设上

5. 备择假设通常是研究者（　　）。
   A. 想收集证据予以支持的假设 B. 想收集证据予以反对的假设
   C. 想要支持的一个正确假设 D. 想要反对的一个正确假设

6. 指出下面的说法哪一个是正确的（　　）。
   A. 原假设正确的概率为 α
   B. 如果原假设未被拒绝，就可以证明备择假设是正确的
   C. 如果原假设未被拒绝，就可以证明原假设是正确的
   D. 如果原假设未被拒绝，也不能证明原假设是正确的

7. 指出下列假设检验哪一个属于左侧检验（　　）。
   A. $H_0: \mu = \mu_0$, $H_1: \mu \neq \mu_0$
   B. $H_0: \mu \geq \mu_0$, $H_1: \mu < \mu_0$
   C. $H_0: \mu \leq \mu_0$, $H_1: \mu > \mu_0$
   D. $H_0: \mu > \mu_0$, $H_1: \mu \leq \mu_0$

8. 指出下列假设检验哪一个属于右侧检验（　　）。
   A. $H_0: \mu < 600$，$H_1: \mu \geq 600$
   B. $H_0: \mu = 600$，$H_1: \mu \neq 600$
   C. $H_0: \mu \leq 600$，$H_1: \mu > 600$
   D. $H_0: \mu \geq 600$，$H_1: \mu < 600$

9. 一种零件的标准长度为 5 厘米，要检验某天生产的零件是否符合标准，我们建立的原假设和备择假设应为（　　）。
   A. $H_0: \mu = 5$，$H_1: \mu \neq 5$
   B. $H_0: \mu \neq 5$，$H_1: \mu = 5$
   C. $H_0: \mu \leq 5$，$H_1: \mu > 5$
   D. $H_0: \mu \geq 5$，$H_1: \mu < 5$

10. 环保部门想检验餐馆一天所用的快餐盒平均是否超过 600 个，建立的原假设和备择假设应为（　　）。
    A. $H_0: \mu < 600$，$H_1: \mu \geq 600$
    B. $H_0: \mu = 600$，$H_1: \mu \neq 600$
    C. $H_0: \mu \leq 600$，$H_1: \mu > 600$
    D. $H_0: \mu \geq 600$，$H_1: \mu < 600$

11. 某企业每月发生事故的平均次数为 5 次，企业准备制订一项新的安全生产计划，希望新计划能减少事故次数。用来检验这一计划有效性的原假设和备择假设应为（　　）。
    A. $H_0: \mu = 5$，$H_1: \mu \neq 5$
    B. $H_0: \mu \neq 5$，$H_1: \mu = 5$
    C. $H_0: \mu \leq 5$，$H_1: \mu > 5$
    D. $H_0: \mu \geq 5$，$H_1: \mu < 5$

12. 一项研究表明，中学生吸烟的比例超过 30%，为检验这一结论是否属实，我们建立的原假设和备择假设应为（　　）。
    A. $H_0: \pi = 30\%$，$H_1: \pi \neq 30\%$
    B. $H_0: \pi \neq 30\%$，$H_1: \pi = 30\%$
    C. $H_0: \pi \geq 30\%$，$H_1: \pi < 30\%$
    D. $H_0: \pi \leq 30\%$，$H_1: \pi > 30\%$

13. 在假设检验中，用于检验的统计量通常是标准化的，标准化的主要依据除原假设为真外，另一个依据是（　　）。
    A. 总体方差
    B. 样本方差
    C. 点估计量的均值
    D. 点估计量的抽样分布

14. 一个总体均值或比例检验的检验统计量所反映的是（　　）。
    A. 点估计量的大小
    B. 总体参数假设值的大小
    C. 点估计量与总体参数的假设值相差多少个抽样标准差
    D. 点估计量与总体参数的假设值的绝对离差

15. 若一项假设检验规定显著性水平 $\alpha = 0.05$，下面表述正确的是（　　）。
    A. 拒绝原假设的概率为 5%
    B. 不拒绝原假设的概率为 5%
    C. 原假设为假时不被拒绝的概率为 5%
    D. 原假设为真时被拒绝的概率为 5%

16. 假设检验中，样本量不变的条件下，第 I 类错误和第 II 类错误（　　）。

A. 可以同时减小　　　　　　　　　　B. 不能同时减小

C. 可以同时增大　　　　　　　　　　D. 只能同时增大

17. 环保部门想检验餐馆一天所用的快餐盒平均是否超过 600 个，他们建立的原假设和备择假设为 $H_0: \mu \leq 600$，$H_1: \mu > 600$，则第 I 类错误是（　　）。

　　A. $\mu \leq 600$ 时，声称 $\mu > 600$　　B. $\mu = 600$ 时，声称 $\mu = 600$

　　C. $\mu \leq 600$ 时，声称 $\mu < 600$　　D. $\mu \geq 600$ 时，声称 $\mu > 600$

18. 交通管理部门想检验汽车尾气的不合格率是否低于 5%，他们建立的原假设和备择假设为 $H_0: \pi \geq 5\%$，$H_1: \pi < 5\%$，则第 II 类错误是（　　）。

　　A. $\pi \geq 5\%$ 时，声称 $\pi < 5\%$　　B. $\pi = 5\%$ 时，声称 $\pi = 5\%$

　　C. $\pi \geq 5\%$ 时，声称 $\pi > 5\%$　　D. $\pi < 5\%$ 时，声称 $\pi > 5\%$

19. 若某饮料厂声称其生产的听装饮料每听的重量不小于 μ_0，在显著性水平为 $\alpha = 0.05$ 下对厂家的声明进行检验，若将显著性水平改为 $\alpha = 0.01$，出现的后果是（　　）。

　　A. 当该厂的陈述是错误的时候，判断为错误的可能性会增大

　　B. 当该厂的陈述是错误的时候，判断为正确的可能性会减小

　　C. 当该厂的陈述是正确的时候，判断为正确的可能性会减小

　　D. 当该厂的陈述是正确的时候，判断为错误的可能性会减小

20. 在一次假设检验中，如果显著性水平 $\alpha = 0.01$ 时原假设被拒绝，则 $\alpha = 0.05$ 时原假设（　　）。

　　A. 一定会被拒绝　　　　　　　　　　B. 一定不会被拒绝

　　C. 需要重新检验　　　　　　　　　　D. 有可能被拒绝

21. 拒绝域是指（　　）。

　　A. 能够拒绝原假设的样本观测值的和

　　B. 能够拒绝原假设的总体观测值的和

　　C. 不拒绝原假设的检验统计量的所有可能取值的集合

　　D. 能够拒绝原假设的检验统计量的所有可能取值的集合

22. 当样本量一定时，拒绝域的面积（　　）。

　　A. 与显著性水平 α 的大小无关　　B. 与显著性水平 α 的大小成正比

　　C. 与显著性水平 α 的大小成反比　　D. 与样本观测值有关

23. 在假设检验中，根据事先给定的显著性水平进行决策的不足之处是（　　）。

　　A. 无法确定拒绝域　　　　　　　　　B. 无法确定检验的统计量

　　C. 无法给出观测数据与原假设之间不一致程度的精确度量

　　D. 无法给出观测数据与拒绝域之间不一致程度的精确度量

24. 如果某一数据经常出现，则相应的 P 值（　　）。
    A. 会较大　　　　B. 会较小　　　　C. 等于 0　　　　D. 等于 1
25. 在假设检验中，计算出来的 P 值越小，则说明（　　）。
    A. 不利于原假设的证据越强　　　　B. 不利于原假设的证据越弱
    C. 不利于备择假设的证据越强　　　　D. 不利于备择假设的证据越弱
26. P 值越小（　　）。
    A. 拒绝原假设的可能性越小　　　　B. 拒绝原假设的可能性越大
    C. 拒绝备择假设的可能性越小　　　　D. 不拒绝备择假设的可能性越小
27. 对于给定的显著性水平，拒绝原假设的准则是（　　）。
    A. $P = \alpha$　　　B. $P < \alpha$　　　C. $P > \alpha$　　　D. $P = \alpha = 0$
28. 假定总体服从正态分布，下列哪些场合适用 t 检验统计量（　　）。
    A. 大样本，且总体方差已知　　　　B. 小样本，且总体方差已知
    C. 小样本，且总体方差未知　　　　D. 大样本，且总体方差未知
29. 正态总体小样本、方差未知的情况下，检验总体均值使用的统计量是（　　）。
    A. $z = \dfrac{\bar{x} - \mu_0}{\sigma / \sqrt{n}}$　　B. $z = \dfrac{\bar{x} - \mu_0}{\sigma^2 / \sqrt{n}}$　　C. $t = \dfrac{\bar{x} - \mu_0}{s / \sqrt{n}}$　　D. $z = \dfrac{\bar{x} - \mu_0}{s / \sqrt{n}}$
30. 随机抽取一个 $n = 100$ 的样本，计算得到 $\bar{x} = 60$，$s = 15$，要检验假设：$H_0: \mu = 65$，$H_1: \mu \neq 65$，则检验统计量为（　　）。
    A. -3.33　　　B. 3.33　　　C. -2.36　　　D. 2.36
31. 随机抽取一个 $n = 40$ 的样本，计算得到 $\bar{x} = 16.5$，$s = 7$，在 $\alpha = 0.02$ 的显著性水平下，要检验 $H_0: \mu \leq 15$，$H_1: \mu > 15$，则统计量的临界值为（　　）。
    A. -2.05　　　B. 2.05　　　C. 1.96　　　D. -1.96
32. 设 z_c 为检验统计量的计算值，检验的假设为 $H_0: \mu = 16$，$H_1: \mu \neq 16$，当 $z_c = 3.05$ 时，计算出的 P 值为（　　）。
    A. 0.0023　　　B. 0.025　　　C. 0.0038　　　D. 0.1056
33. 设 z_c 为检验统计量的计算值，检验的假设为 $H_0: \mu \leq \mu_0$，$H_1: \mu > \mu_0$，当 $z_c = 1.645$ 时，计算的 P 值为（　　）。
    A. 0.025　　　B. 0.05　　　C. 0.01　　　D. 0.0025
34. 若假设形式为 $H_0: \mu = \mu_0$，$H_1: \mu \neq \mu_0$，随机抽取一个样本，其均值 $\bar{x} = \mu_0$，则（　　）。
    A. 肯定不拒绝原假设　　　　B. 肯定拒绝原假设
    C. 可能不拒绝原假设　　　　D. 可能拒绝原假设
35. 检验假设 $H_0: \mu = 5$，$H_1: \mu \neq 5$，由随机样本得到的 P 值 $= 0.6528$。在 $\alpha = 0.05$

的显著性水平下,得到的结论为(　　)。

　　A. 拒绝原假设　　　　　　　　　　B. 不拒绝原假设

　　C. 可以拒绝也可以不拒绝原假设　　D. 可能拒绝也可能不拒绝原假设

36. 一项新型减肥方法声称参加者在一个月内平均能减去8公斤。由40个使用该方法减肥的人组成一个随机样本,其平均减重7公斤,标准差为3.2公斤。在 $\alpha=0.05$ 的显著性水平下,检验假设 $H_0:\mu\geq 8$,$H_1:\mu<8$,得到的结论为(　　)。

　　A. 拒绝原假设　　　　　　　　　　B. 不拒绝原假设

　　C. 可以拒绝也可以不拒绝原假设　　D. 可能拒绝也可能不拒绝原假设

37. 如果能够证明某电视剧在播出的前13周其观众收视率超过了25%,则可以断定它获得了成功。假定由400个家庭组成的一个随机样本中,有112个家庭看过该电视剧,在 $\alpha=0.01$ 的显著性水平下,检验假设 $H_0:\pi\leq 25\%$,$H_1:\pi>25\%$,得到的结论是(　　)。

　　A. 拒绝原假设　　　　　　　　　　B. 不拒绝原假设

　　C. 可以拒绝也可以不拒绝原假设　　D. 可能拒绝也可能不拒绝原假设

38. 从正态总体中随机抽取一个 $n=10$ 的样本,计算得到 $\bar{x}=231.7$,$s^2=15.5$,假定 $\sigma_0^2=50$,在 $\alpha=0.01$ 的显著性水平下,要检验 $H_0:\sigma^2\geq 20$,$H_1:\sigma^2<20$,得到的结论是(　　)。

　　A. 拒绝原假设　　　　　　　　　　B. 不拒绝原假设

　　C. 可以拒绝也可以不拒绝原假设　　D. 可能拒绝也可能不拒绝原假设

39. 一项研究表明,湿路上汽车刹车距离的方差 σ_1^2 显著大于干路上汽车刹车距离的方差 σ_2^2。随机抽取16辆汽车,检测同样速度行驶条件下在湿路和干路上的刹车距离。在湿路上刹车距离的标准差为32米,在干路上刹车距离的标准差为16米。用于检验的原假设和备择假设是(　　)。

　　A. $H_0:\dfrac{\sigma_1^2}{\sigma_2^2}\leq 1$,$H_1:\dfrac{\sigma_1^2}{\sigma_2^2}>1$　　　　B. $H_0:\dfrac{\sigma_1^2}{\sigma_2^2}\geq 1$,$H_1:\dfrac{\sigma_1^2}{\sigma_2^2}<1$

　　C. $H_0:\dfrac{\sigma_1^2}{\sigma_2^2}=1$,$H_1:\dfrac{\sigma_1^2}{\sigma_2^2}\neq 1$　　　　D. $H_0:\dfrac{\sigma_1^2}{\sigma_2^2}\neq 1$,$H_1:\dfrac{\sigma_1^2}{\sigma_2^2}=1$

40. 一项研究表明,湿路上汽车刹车距离的方差 σ_1^2 显著大于干路上汽车刹车距离的方差 σ_2^2。随机抽取16辆汽车,检测同样速度行驶条件下在湿路和干路上的刹车距离。在湿路上刹车距离的标准差为32米,在干路上刹车距离的标准差为16米。$\alpha=0.05$ 时,得到结论是(　　)。

A. 拒绝 H_0　　　　　　　　　　B. 不拒绝 H_0
C. 可以拒绝也可以不拒绝 H_0　　D. 可能拒绝也可能不拒绝 H_0

二、判断题

1. 假设检验所陈述的具体数值是总体参数的真实值。（　　）
2. 在假设检验中，"="号可以放在原假设上，也可以放在备择假设上。（　　）
3. 样本均值的标准误差是所抽选样本的标准差。（　　）
4. 显著性水平越小，表示检验结论犯错误的可能性越小。（　　）
5. 在假设检验中，样本量不变的条件下，第Ⅰ类错误和第Ⅱ类错误的概率不能同时减小。（　　）
6. 样本量一定时，拒绝域的面积与显著性水平 α 成反比。（　　）
7. 如果检验统计量落在非拒绝域内，意味着原假设是真的。（　　）
8. P 值越大，拒绝原假设的可能性越大。（　　）
9. P 值表示原假设为真的概率。（　　）
10. P 值表示样本信息对原假设的支持程度。（　　）
11. 关于一个总体的方差或标准差，常常希望将它们控制在某种水平之下，因此对方差的检验多是单侧的。（　　）
12. 利用独立小样本对两总体的均值之差进行检验，当方差未知且相等时，t 分布的自由度是 n_1-1 和 n_2-1 中较小的一个。（　　）

三、思考题

1. 为检验下面的断言，建立原假设和备择假设。
（1）女职业足球队员的平均体重多于 55 公斤。
（2）外语学院做兼职的学生多于 60%。
（3）至少有 50% 的父母相信适当的时候可以打他们的孩子。
（4）在生产线上引入音乐，会提高生产率。
（5）男性房地产经纪人的签约成功率低于女性房地产经纪人。

2. 在假设检验中，为什么采取"不拒绝原假设"而不采取"接受原假设"的表述方式？

3. 采用某种新生产方法需要追加一定的投资，但若通过假设检验判定该新方法能够降低产品成本，则这种方法将正式投入使用。
（1）如果目前生产方法的平均成本为 220 元，试建立合适的原假设和备择假设。

（2）对你所提出的上述假设，发生第Ⅰ、Ⅱ类错误分别会导致怎样的后果？

4. 假设检验中显著性水平 α 表示原假设不真的概率吗？α 越小，表示检验犯错误的可能性越小吗？在确定显著性水平时，主要应考虑哪些因素？

5. 根据粗略的统计原则，下列 P 值中哪些能导致拒绝原假设？哪些不能？哪些难以决定？

P值=0.50　　P值=0.25　　P值=0.001　　P值=0.05　　P值=0.025

6. 其他条件不变的情况下，增大样本量 n，会对统计推断的下列问题产生什么样的影响？

（1）置信区间的宽度。

（2）假设检验犯两类错误的概率。

（3）当 H_0 不正确时，检验的 P 值。

7. 有个研究者猜测，某地区失学儿童中女孩数是男孩数的 3 倍以上（即男孩数不足女孩数的 1/3）。为了对他的这一猜测进行检验，拟随机抽取 50 个失学儿童构成样本。试问：这里要检验的参数是什么？原假设和备择假设分别是什么？可否近似采用 z 检验？

8. 一位著名的医生声称有 75% 的女性所穿鞋子过小。一个研究组织对 300 名女性进行了研究，发现其中有 85% 的女性所穿鞋子的号码至少小一号。检验表明，在显著性水平为 0.01 的条件下，得到拒绝原假设的结论。

（1）该检验是双侧检验还是单侧检验？

（2）拒绝原假设说明什么？

（3）如果医生的声明是正确的，犯的是第几类错误，付出的代价是多大？

9. 某学期经管学院有 400 名学生修读统计学课程，为了测试预习课程和复习课程哪种方法更有效，计划抽取容量为 20 的样本进行测试。怎样做才能得到独立样本？怎样做才能得到匹配样本？哪种样本更适合对这一问题进行研究？

10. 某大学的教师根据统计学测试成绩的抽样调查数据写出了一份分析报告。报告中说，"样本中男生和女生的平均成绩分别为 81 分、78 分，但男、女学生的总体平均成绩没有显著差异（检验的 P 值为 0.456）。但测试成绩在 A、B 两个专业之间却存在显著差异，平均说来，B 专业的测试成绩较高（检验的 P 值为 0.043）"。试用通俗易懂的语言解释这两个结论。

四、计算分析题

1. 某种电器零件批量生产的质量标准是：平均使用寿命为 1200 小时，标准差为 300 小时。某电器厂宣称其生产的该零件的质量大大超过规定的标准。为了进行验证，随机抽取了 100 件作为样本，测得平均使用寿命为 1245 小时。能否说该厂该种零件的质量显著高于规定的标准？

（1）建立原假设和备择假设。

（2）构造适当的检验统计量，并进行假设检验，分析可能会犯的错误（$\alpha = 0.05$）。

（3）若要拒绝原假设，样本平均寿命至少要达到多少？此时可能会犯哪类错误，错误的风险有多大？

2. 某电视机的制造商声称，其产品在保修期到期后第一年的维修费用不多于 50 元。消费者协会为了证实这项声明，随机抽取了 50 个这种电视机的拥有者，调查显示平均费用是 61.6 元，标准差是 32.46 元。以 0.01 的显著性水平，对厂商声明的可信度进行判断。

3. 一条自动装配线预定的平均操作时间是 2.2 分钟。由于完成时间对装配操作前后都会产生影响，所以将完成时间控制在 2.2 分钟是很重要的。45 次装配的随机样本显示：样本的平均完成时间是 2.39 分钟，样本的标准差是 0.2 分钟。采用 $\alpha = 0.02$ 的显著性水平，检验平均操作完成时间是否为 2.2 分钟？

4. 某大学对新生进行了一次全校性的英语测试，为了解考试情况，从参加测试的学生中，随机抽选 100 名学生进行调查，所得资料如表 6.1 所示。

表 6.1　某大学新生英语测试情况

测试成绩/分	60 以下	60～70	70～80	80～90	90 及以上
学生人数/人	10	20	22	40	8

根据调查结果，校方声称新生英语测试成绩在 80 分及以上者占 50%，试以 0.05 的显著性水平进行检验。

5. 某种生产线的感冒冲剂的标准重量为 12 克，超重或过轻都是严重问题。从过去的资料得知 σ 是 0.6 克，质量检验员每两小时抽取 25 包冲剂称重检验，并做出是否停工的决策。假定产品重量服从正态分布。

（1）建立适当的原假设和备择假设。

（2）在 $\alpha = 0.05$ 时，该检验的决策准则是什么？

（3）如果 $\bar{x} = 12.25$ 克，质检员应做出什么决策？

（4）如果 $\bar{x} = 11.95$ 克，质检员应做出什么决策？

6. 某调查公司认为平均每个调查员每周能够成功完成入户访问 53 次。随机抽取 15 名调查员，他们一周内完成的入户访问次数如表 6.2 所示。

表 6.2 调查员入户访问次数　　　　　　　　　　　　　单位：次

访问员编号	1	2	3	4	5	6	7	8	9	10	11	12	13	14	15
访问次数	53	57	50	55	58	54	60	52	59	62	60	60	51	59	56

在 0.05 的显著性水平下，我们是否可以说平均每个调查员每周完成的调查次数大于 53 次？

7. 已知某种木材的横纹抗压力服从正态分布，该种木材的标准抗压力应不小于 470 千克/厘米^2，现对某木材厂的 10 个测试件作横纹抗压力试验，得到的数据如表 6.3 所示。

表 6.3 木材测试件的抗压力　　　　　　　　　单位：千克/厘米^2

测试件编号	1	2	3	4	5	6	7	8	9	10
抗压力	483	493	457	471	510	446	435	418	394	469

（1）若已知该木材的横纹抗压力的标准差 $\sigma = 36$ 千克/厘米^2，试检验该厂的木材是否达到标准（$\alpha = 0.05$）。

（2）若该木材的横纹抗压力的标准差 σ 未知，试检验该厂的木材是否达到标准（$\alpha = 0.05$）。

8. 一位顾客在银行办理业务时对等待时间过长感到厌烦。在登记他的投诉时，他被告知"等待服务的时间超过 10 分钟的次数不超过接受服务次数的一半"。因为不相信这种说法，该顾客从办理业务的人中收集数据，发现 60 个人中有 35 个人的等待时间超过 10 分钟。在 0.05 的显著性水平下，这位顾客有充分证据推翻银行的说法吗？

9. 某公交公司为提高乘客满意度，鼓励公交司机保持运行时间的稳定，规定运行时间的方差不超过 4 分钟^2。已知运行时间服从正态分布。随机抽取了在同一线路运行的 10 辆公交车，测得其运行时间的方差为 4.8 分钟^2，在 0.05 的显著性水平下，可否认为该线路的运行时间的稳定性达到了公司的要求？

10. 为了测试健身课程的效果，记录课程前后参与者在 1 分钟内做仰卧起坐的次数。随机选择 10 个参与者，记录其次数如表 6.4 所示。

表 6.4 健身课程前后参与者 1 分钟内仰卧起坐的次数　　　　　单位：次

参与者编号	1	2	3	4	5	6	7	8	9	10
课程前	29	22	25	29	26	24	31	46	34	28
课程后	30	26	25	35	33	36	32	54	50	43

在 0.05 的显著性水平下，可否认为健身课程有效？

11. 某车险公司对投保人最近三年的索赔情况进行抽样调查。其中，400 个单身投保人中有 76 人索赔，900 个已婚投保人中有 90 人索赔，显著性水平为 0.05，能否断定已婚投保人的索赔率高于单身投保人？

12. 两种新的装配方法经检验后装配时间的方差数据如表 6.5 所示。

表 6.5 两种装配方法的装配时间方差

方法	样本量/个	样本方差/分钟^2
A	31	25
B	25	12

在 $\alpha = 0.1$ 时，能否认为两个总体的方差相等？

第七章 方差分析

CHAPTER 7

一、选择题

1. 与假设检验方法相比，方差分析方法可以使犯第Ⅰ类错误的概率（　　）。
   A. 提高　　　　　B. 降低　　　　　C. 等于 0　　　　　D. 等于 1

2. 方差分析的主要目的是判断（　　）。
   A. 各总体是否存在方差　　　　　B. 各样本数据之间是否有显著差异
   C. 分类型自变量对数值型因变量的影响是否显著
   D. 分类型因变量对数值型自变量的影响是否显著

3. 方差分析是检验（　　）。
   A. 多个总体方差是否相等的统计方法
   B. 多个总体均值是否相等的统计方法
   C. 多个样本方差是否相等的统计方法
   D. 多个样本均值是否相等的统计方法

4. 方差分析研究的是（　　）。
   A. 分类型自变量对分类型因变量的影响
   B. 分类型自变量对数值型自变量的影响
   C. 分类型因变量对数值型自变量的影响
   D. 分类型自变量对数值型因变量的影响

5. 方差分析判断分类型自变量对数值型因变量的影响，是通过检验（　　）。
   A. 各总体的均值是否相等　　　　　B. 各总体的方差是否相等
   C. 各样本的均值是否相等　　　　　D. 各样本的方差是否相等

6. 在方差分析中，所要检验的对象称为因子，因子的不同表现称为（　　）。
   A. 因子　　　　　B. 方差　　　　　C. 处理　　　　　D. 观测值

7. 在方差分析中，每个因子水平下得到的样本数据称为（　　）。
   A. 因子　　　　　B. 方差　　　　　C. 处理　　　　　D. 观测值

8. 在方差分析中,组内误差用于衡量某一水平下样本数据之间的误差,它(　　)。
   A. 只包括随机误差　　　　　　　B. 只包括系统误差
   C. 既包括随机误差,也包括系统误差
   D. 有时包括随机误差,有时包括系统误差

9. 方差分析中,数据的误差都是用平方和来表示的。其中组内平方和反映(　　)。
   A. 一个样本的观测值之间误差的大小　B. 全部观测值误差的大小
   C. 各个样本均值之间误差的大小　　　D. 各个样本方差之间误差的大小

10. 在方差分析中,组间误差用于衡量不同水平下样本数据之间的误差,它(　　)。
    A. 只包括随机误差　　　　　　　B. 只包括系统误差
    C. 既包括随机误差,也包括系统误差
    D. 有时包括随机误差,有时包括系统误差

11. 方差分析中,数据的误差都是用平方和表示的。其中组间平方和反映(　　)。
    A. 一个样本观测值之间误差的大小　B. 全部观测值误差的大小
    C. 各个样本均值之间误差的大小　　D. 各个样本方差之间误差的大小

12. 方差分析中,数据的误差都是用平方和表示的。其中总平方和反映(　　)。
    A. 一个样本观测值之间误差的大小　B. 全部观测值误差的大小
    C. 各个样本均值之间误差的大小　　D. 各个样本方差之间误差的大小

13. 在下面的假定中,哪一个不属于方差分析中的假定(　　)。
    A. 每个总体都服从正态分布　　B. 各总体的方差相等
    C. 观测值是独立的　　　　　　D. 各总体的方差等于0

14. 在方差分析中,拒绝原假设 $H_0: \mu_1 = \mu_2 = \mu_3$,则意味着(　　)。
    A. μ_1, μ_2, μ_3 的两两组合都不相等
    B. μ_1, μ_2, μ_3 的两两组合中至少有一对不相等
    C. μ_1, μ_2, μ_3 的两两组合都相等
    D. μ_1, μ_2, μ_3 的两两组合中至少有一对相等

15. 单因素方差分析只涉及(　　)。
    A. 一个分类型自变量　　　　B. 一个数值型自变量
    C. 一个数值型因变量　　　　D. 一个分类型因变量

16. 方差分析中,组内平方和除以相应的自由度得到(　　)。
    A. 组内平方和　B. 组内均方　C. 组间均方　D. 总均方

17. 方差分析中,组间平方和除以相应的自由度得到(　　)。
    A. 组内平方和　B. 组内均方　C. 组间均方　D. 总均方

18. 设因子的水平个数为 k,全部观测值的个数为 n,则组内离差平方和的自由度为(　　)。

A. k B. $k-1$ C. $n-k$ D. $n-1$

19. 设因子的水平个数为 k，全部观测值的个数为 n，则组间离差平方和的自由度为（   ）。

A. k B. $k-1$ C. $n-k$ D. $n-1$

20. 设因子的水平个数为 k，全部观测值的个数为 n，则总离差平方和的自由度为（   ）。

A. k B. $k-1$ C. $n-k$ D. $n-1$

21. 在方差分析中，用于检验的统计量 F 是（   ）。

A. 组间平方和/组内平方和   B. 组间平方和/总平方和
C. 组间均方/组内均方   D. 组间均方/总均方

22. 从两个总体中分别抽取 $n_1=7$ 和 $n_2=6$ 的两个独立随机样本，经计算得到方差分析表如表 7.1 所示。

表 7.1 方差分析表（一）

差异源	离差平方和	自由度	均方	F	P 值	F 临界值
组间	A	1	B	3.15	0.10	4.84
组内	26.19	11	2.38	—	—	—
总计	33.69	12	—	—	—	—

表 7.1 中 A 单元格和 B 单元格内的结果是（   ）。

A. 7.50 和 4.50   B. 7.50 和 5.50   C. 7.50 和 6.50   D. 7.50 和 7.50

23. 从两个总体中分别抽取 $n_1=7$ 和 $n_2=6$ 的两个独立随机样本，经计算得到方差分析表如表 7.2 所示。

表 7.2 方差分析表（二）

差异源	离差平方和	自由度	均方	F	P 值	F 临界值
组间	7.50	A	7.50	3.15	0.10	4.84
组内	26.19	B	2.38	—	—	—
总计	33.69	12	—	—	—	—

表 7.2 中 A 单元格和 B 单元格内的结果是（   ）。

A. 2 和 9   B. 2 和 10   C. 1 和 11   D. 2 和 11

24. 从两个总体中分别抽取 $n_1=7$ 和 $n_2=6$ 的两个独立随机样本，经计算得到方差分析表如表 7.3 所示。

表 7.3　方差分析表（三）

差异源	离差平方和	自由度	均方	F	P值	F临界值
组间	7.50	1	A	3.15	0.10	4.84
组内	26.19	11	B	—	—	—
总计	33.69	12	—	—	—	—

表 7.3 中 A 单元格和 B 单元格内的结果是（　　）。

A. 6.50 和 1.38　　B. 7.50 和 2.38　　C. 8.50 和 3.38　　D. 9.50 和 4.38

25. 从三个总体中分别抽取 $n_1=3$、$n_2=4$ 和 $n_3=3$ 的三个独立随机样本，经计算得到方差分析表如表 7.4 所示。

表 7.4　方差分析表（四）

差异源	离差平方和	自由度	均方	F	P值	F临界值
组间	6.22	2	3.11	2.21	0.18	4.74
组内	9.83	7	1.40	—	—	—
总计	16.05	9	—	—	—	—

用 $\alpha=0.05$ 的显著性水平检验假设 $H_0: \mu_1=\mu_2=\mu_3$，$H_1: \mu_1,\mu_2,\mu_3$ 不全相等，得到的结论是（　　）。

A. 拒绝 H_0　　　　　　　　　　　　B. 不拒绝 H_0

C. 可以拒绝 H_0，也可以不拒绝 H_0　　D. 可能拒绝 H_0，也可能不拒绝 H_0

26. 经计算得到方差分析表如表 7.5 所示。

表 7.5　方差分析表（五）

差异源	离差平方和	自由度	均方	F
组间	24.7	4	C	E
组内	A	B	D	
总计	62.4	34		

表 7.5 中 A、B、C、D、E 单元格内的数据分别是（　　）。

A. 37.7，30，6.175，1.257，4.91　　B. 37.7，29，6.175，1.257，4.91
C. 37.7，30，6.175，1.257，5.91　　D. 27.7，29，6.175，1.257，4.91

27. 从三个总体中各选取了 4 个观测值，得到组间平方和 SSA=536，组内平方和 SSE=828，组间平方和与组内平方和的自由度分别为（　　）。

A. 3，8　　　B. 3，9　　　C. 2，8　　　D. 2，9

28. 从三个总体中各选取了 4 个观测值，得到组间平方和 SSA=536，组内平方和 SSE=828，组间均方与组内均方分别为（　　）。

A. 268，92　　B. 134，103.5　　C. 179，92　　D. 238，92

29. 双因素方差分析涉及（   ）。
    A. 两个分类型自变量   B. 两个数值型自变量
    C. 两个分类型因变量   D. 一个数值型因变量

30. 无交互作用的双因素方差分析是指用于检验的两个因素（   ）。
    A. 对因变量的影响是独立的   B. 对因变量的影响是有交互作用的
    C. 对自变量的影响是独立的   D. 对自变量的影响是有交互作用的

31. 无交互作用的方差分析中，设用于检验的行因素为 R，列因素为 C，用于检验 R 的检验统计量是（   ）。
    A. $F=\dfrac{SSR}{SSC}$ B. $F=\dfrac{MSR}{MSC}$ C. $F=\dfrac{MSR}{MSE}$ D. $F=\dfrac{MSR}{SSC}$

32. 无交互作用的方差分析中，设用于检验的行因素为 R，列因素为 C，用于检验 C 的检验统计量是（   ）。
    A. $F=\dfrac{SSR}{SSC}$ B. $F=\dfrac{MSR}{MSC}$ C. $F=\dfrac{MSC}{MSE}$ D. $F=\dfrac{MSR}{SSC}$

33. 无交互作用的方差分析中，设用于检验的行因素为 R，列因素为 C，行因素有 k 个水平，列因素有 r 个水平，行因素平方和的自由度是（   ）。
    A. $k-1$ B. $kr-1$ C. $r-1$ D. $(k-1)(r-1)$

34. 无交互作用的方差分析中，设用于检验的行因素为 R，列因素为 C，行因素有 k 个水平，列因素有 r 个水平，列因素平方和的自由度是（   ）。
    A. $k-1$ B. $kr-1$ C. $r-1$ D. $(k-1)(r-1)$

35. 无交互作用的方差分析中，设用于检验的行因素为 R，列因素为 C，行因素有 k 个水平，列因素有 r 个水平，残差平方和的自由度是（   ）。
    A. $k-1$ B. $kr-1$ C. $r-1$ D. $(k-1)(r-1)$

36. 有交互作用的双因素方差分析是指用于检验的两个因素（   ）。
    A. 对因变量的影响是独立的   B. 对因变量的影响是有交互作用的
    C. 对自变量的影响是独立的   D. 对自变量的影响是有交互作用的

二、判断题

1. 方差分析是检验多个样本方差是否相等的统计方法。（   ）
2. 方差分析研究的是分类型自变量对数值型因变量的影响。（   ）
3. 组间误差用于衡量不同水平下样本数据之间的误差，它只包括系统误差。（   ）
4. 在方差分析中，假定每个总体的方差都等于 0。（   ）
5. 在方差分析中要检验的对象称为因子。（   ）
6. 单因素方差分析只涉及一个分类型自变量。（   ）

7. 组内误差用于衡量某一水平下样本数据之间的误差，它只包括随机误差。（   ）

8. 均方的计算是平方和除以相应的数据个数。（   ）

9. 在方差分析中，用于检验的统计量 F =组间均方/组内均方。（   ）

10. 在方差分析中，如果拒绝原假设，则意味着所检验的各样本均值不全相等。（   ）

三、思考题

1. 方差分析的基本原理是什么？
2. 说明单因素方差分析中 SST、SSA 和 SSE 的含义及其关系。
3. 简述方差分析的步骤。
4. 方差分析中有哪些基本假定？
5. 解释有交互作用和无交互作用的双因素方差分析。
6. 单因素方差分析和双因素方差分析的联系和区别有哪些？
7. 方差分析的含义是什么？有哪些类型？
8. 单因素方差分析适用的场合是什么？
9. 如何应用双因素方差分析？试举例说明。

四、计算分析题

1. 消费者与产品生产者、销售者或服务提供者之间经常发生纠纷。纠纷发生后，消费者常常到消费者协会投诉。为了对几个行业的服务质量进行评价，消费者协会在零售业、旅游业、航空公司、家电制造业共抽取了 23 家企业作为样本。其中零售业抽取 7 家，旅游业抽取 6 家，航空公司抽取 5 家，家电制造业抽取 5 家。每个行业中抽取的企业，在服务对象、服务内容、企业规模等方面基本是相同的。统计出最近一年消费者对这 23 家企业投诉的次数，结果如表 7.6 所示。

表 7.6　最近一年消费者对 23 家企业的投诉次数　　单位：次

行业			
零售业	旅游业	航空公司	家电制造业
57	68	31	44
66	39	49	51
49	29	21	65
40	45	34	77
34	56	40	58
53	51		
44			

试分析四个行业之间的服务质量是否有显著差异（$\alpha = 0.05$）。

2. 某家电制造公司准备购进一批 5 号电池，现有 A、B、C 三个电池生产企业愿意供货，为比较它们生产的电池的质量，从每个企业各随机抽取 5 只电池，经试验得其寿命（小时）数据如表 7.7 所示。

表 7.7　三家电池生产企业电池寿命数据　　　　单位：小时

试验号	电池生产企业		
	A	B	C
1	50	32	45
2	50	28	42
3	43	30	38
4	40	34	48
5	39	26	40

试分析三个企业生产的电池的平均寿命之间有无显著差异（$\alpha = 0.05$）。

3. 某企业准备用三种方法组装一种新的产品，为确定哪种方法每小时生产的产品数量最多，随机抽取了 30 名工人，并指定每个人使用其中的一种方法。通过对每个工人生产的产品数进行方差分析得到的结果如表 7.8 所示。

表 7.8　方差分析表（六）

差异源	离差平方和	自由度	均方	F	P 值	F 临界值
组间			210		0.245 946	3.354 131
组内	3 836			—		
总计		29	—	—		

（1）完成上面的方差分析表。

（2）检验三种方法组装的产品数量之间是否有显著差异（$\alpha = 0.05$）。

4. 研究人员想挑选出能使小麦亩产量最大的化肥，选了 A、B、C 三个品牌的化肥。将土地分成大小相同的 24 块，同时以相同的方式播种小麦，8 块地用 A，8 块地用 B，8 块地用 C。收割季节记录每块地的产量，如表 7.9 所示。

表 7.9　收割季节每块地的产量　　　　单位：千克

A	B	C
570	660	540
560	760	580
610	670	530
580	710	550
590	630	520
580	730	560
630	640	510
600	680	530

试分析使用不同品牌的化肥时，小麦亩产量是否有显著差异（$\alpha = 0.05$）。

5. 某种新药已进入效果测试阶段，测试人员希望了解该药品在不同年龄段的人群中药效是否相同。试药人群分为四个年龄段，每个年龄段有 10 位受试者，在其他各项条件都相同的情况下开展试验，试验开始后，分别测量每位受试者的某项相关身体指标并进行打分，结果如表 7.10 所示。

表 7.10　不同年龄段受试者药效测量结果　　　　　　　　单位：分

受试者序号	21～30 岁	31～40 岁	41～50 岁	51～60 岁
1	41	40	39	38
2	40	39	41	37
3	41	42	42	39
4	38	39	40	35
5	39	41	39	36
6	37	42	42	38
7	41	40	39	36
8	42	42	47	40
9	43	39	35	41
10	38	41	36	35

请根据上述试验数据，分析年龄是否为影响该药疗效的一个因素（$\alpha = 0.05$）。

6. 某卫生研究机构要研究棉、丝、麻、尼龙 4 种纤维的灰尘吸附能力是否有显著差异，分别对 4 种材料进行了 5 次试验，试验结果如表 7.11 所示。

表 7.11　四种材料的试验结果　　　　　　　　单位：克/米^2

试验编号	棉	丝	麻	尼龙
1	2.48	2.33	2.68	4.02
2	2.34	2.73	2.76	5.13
3	2.34	2.35	2.39	3.89
4	2.64	2.10	2.48	3.60
5	2.23	2.71	2.80	4.36

检验 4 种纤维的灰尘吸附能力是否有显著差异（$\alpha = 0.05$）。

7. 某市场调研公司调查某省民营企业职工商业保险的投保状态时，取得职工商业保险年消费支出额数据如表 7.12 所示。

表 7.12　职工商业保险年消费支出额　　　　　　　　单位：元

年龄	1	2	3	4	5	6	7	8	9	10
30 岁以下	350	1500	820	280	389	1588	652	150	1020	350
30～50 岁	458	2350	1522	890	868	2897	1872	280	2100	751
50 岁及以上	140	50	100	150	102	450	284	452	350	120

试分析不同年龄段职工的商业保险费用支出水平是否存在显著差异（$\alpha = 0.05$）。

8. 有 5 种不同品种的种子和 4 种不同的施肥方案，在 20 块同样面积的土地上，分别采用 5 种种子和 4 种施肥方案搭配进行试验，取得的收获量数据如表 7.13 所示。

表 7.13　收获量数据　　　　　　　　　　　　　单位：吨

品种	施肥方案			
	1	2	3	4
1	12.0	9.5	10.4	9.7
2	13.7	11.5	12.4	9.6
3	14.3	12.3	11.4	11.1
4	14.2	14.0	12.5	12.0
5	13.0	14.0	13.1	11.4

试检验种子的不同品种对收获量的影响是否有显著差异。不同的施肥方案对收获量的影响是否有显著差异（$\alpha = 0.05$）。

9. 为研究食品的包装和销售地区对其销售量是否有影响，在某省的 3 个不同地区销售三种不同包装的同一种食品，获得的销售量数据如表 7.14 所示。

表 7.14　食品销售量数据　　　　　　　　　　　单位：袋

销售地区	包装方法		
	1	2	3
1	45	75	30
2	50	50	40
3	35	65	50

试检验不同的地区和不同的包装方法对该食品的销售量是否有显著影响（$\alpha = 0.05$）？

10. 某品牌饮料生产商想要分析饮料颜色和销售地区对该饮料销售量的影响，分别将该品牌的饮料调制成 4 种颜色在 5 个地区进行销售。通过一周的销售试验，得到的销售量数据如表 7.15 所示。

表 7.15　饮料销售量数据　　　　　　　　　　　单位：箱

地区	颜色			
	红色	黄色	蓝色	无色
东部	286	352	342	367
西部	264	347	365	353
南部	298	317	361	349
北部	283	323	332	328
中部	301	360	327	344

请在 $\alpha = 0.05$ 的显著性水平下，分析饮料颜色和销售地区这两个因素对于销售量是否有显著影响。

第八章 列联分析

CHAPTER 8

一、选择题

1. 列联分析是利用列联表来研究（　　　）。
   A. 两个分类变量的关系　　　　　B. 两个数值型变量的关系
   C. 一个分类变量和一个数值型变量的关系
   D. 两个数值型变量的分布

2. 设 R 为列联表的行数，C 为列联表的列数，则 χ^2 分布的自由度为（　　　）。
   A. R　　　　　　　　　　　　　B. C
   C. $R \times C$　　　　　　　　　　D. $(R-1) \times (C-1)$

3. 列联表中的每个变量（　　　）。
   A. 只能有一个类别　　　　　　　B. 只能有两个类别
   C. 可以有两个或两个以上的类别　D. 只能有三个类别

4. 为了解教育程度是否影响女性对工作和家庭的选择，分别抽取了190人高教育程度的女性和200人低教育程度的女性，询问她们理想工作和幸福家庭哪个更重要，得到结果如表8.1所示。表8.1是（　　　）。

表 8.1　教育与心愿列联表　　　　　　　　　　　　单位：人

选择	高教育程度	低教育程度	合计
幸福家庭	125	95	220
理想工作	65	105	170
合计	190	200	390

   A. 4×4列联表　　B. 2×2列联表　　C. 2×3列联表　　D. 2×4列联表

5. 为了解教育程度是否影响女性对工作和家庭的选择，分别抽取了190名高教育程度的女性和200名低教育程度的女性，询问她们理想工作和幸福家庭哪个更重要，得到结果如表8.1所示，表8.1最右边一列称为（　　　）。

A. 列边缘频数　　B. 行边缘频数　　C. 条件频数　　D. 总频数

6. 为了解教育程度是否影响女性对工作和家庭的选择，分别抽取了 190 名高教育程度的女性和 200 名低教育程度的女性，询问她们理想工作和幸福家庭哪个更重要，得到结果如表 8.1 所示。表 8.1 最下边一行称为（　　）。

   A. 列边缘频数　　B. 行边缘频数　　C. 条件频数　　D. 总频数

7. 为了解教育程度是否影响女性对工作和家庭的选择，分别抽取了 190 名高教育程度的女性和 200 名低教育程度的女性，询问她们理想工作和幸福家庭哪个更重要。得到结果如表 8.1 所示。表 8.1 中，高教育程度的女性认为幸福家庭更重要的人数为 125 人，"125"称为（　　）。

   A. 列边缘频数　　B. 行边缘频数　　C. 条件频数　　D. 总频数

8. 为了解教育程度是否影响女性对工作和家庭的选择，分别抽取了 190 名高教育程度的女性和 200 名低教育程度的女性，询问她们理想工作和幸福家庭哪个更重要，得到结果如表 8.1 所示。根据表 8.1 计算，更重视幸福家庭的行百分比分别为（　　）。

   A. 56.8%和 43.2%　　　　　　　B. 38.2%和 61.8%
   C. 65.8%和 34.2%　　　　　　　D. 47.5%和 52.5%

9. 为了解教育程度是否影响女性对工作和家庭的选择，分别抽取了 190 名高教育程度的女性和 200 名低教育程度的女性，询问她们理想工作和幸福家庭哪个更重要，得到结果如表 8.1 所示。根据表 8.1 计算，高教育程度的列百分比分别为（　　）。

   A. 56.8%和 43.2%　　　　　　　B. 38.2%和 61.8%
   C. 65.8%和 34.2%　　　　　　　D. 47.5%和 52.5%

10. 为了解教育程度是否影响女性对工作和家庭的选择，分别抽取了 190 名高教育程度的女性和 200 名低教育程度的女性，询问她们理想工作和幸福家庭哪个更重要，得到结果如表 8.1 所示。根据表 8.1 计算，高、低教育程度的女性选择幸福家庭的期望频数分别为（　　）。

    A. 107.2 和 112.8　　　　　　　B. 82.8 和 87.2
    C. 107.2 和 82.8　　　　　　　D. 112.8 和 87.2

11. 为了解教育程度是否影响女性对工作和家庭的选择，分别抽取了 190 名高教育程度的女性和 200 名低教育程度的女性，询问她们理想工作和幸福家庭哪个更重要，得到结果如表 8.1 所示。根据表 8.1 计算的 χ^2 统计量为（　　）。

    A. 11.255　　B. 12.255　　C. 13.255　　D. 14.255

12. 为了解教育程度是否影响女性对工作和家庭的选择，分别抽取了 190 名高教育程度的女性和 200 名低教育程度的女性，询问她们理想工作和幸福家庭哪个更重要，得到结果如表 8.1 所示。根据表 8.1 计算的 χ^2 统计量的自由度为（　　）。

A. 1　　　　　B. 2　　　　　C. 3　　　　　D. 4

13. 为了解教育程度是否影响女性对工作和家庭的选择，分别抽取了 190 名高教育程度的女性和 200 名低教育程度的女性，询问她们理想工作和幸福家庭哪个更重要，得到结果如表 8.1 所示。如果要检验教育程度是否影响女性对工作和家庭的选择，提出的原假设应为（　　）。

   A. 教育和选择是独立的　　　　B. 教育对选择有影响
   C. 教育和选择是不独立的　　　D. 教育和选择是相关的

14. 为了解教育程度是否影响女性对工作和家庭的选择，分别抽取了 190 名高教育程度的女性和 200 名低教育程度的女性，询问她们理想工作和幸福家庭哪个更重要，得到结果如表 8.1 所示。如果要检验不同教育程度的女性对工作和家庭的选择是否相同，提出的原假设应为（　　）。

   A. $\pi_1 = \pi_2 = 48.7\%$　　　　B. $\pi_1 = \pi_2 = 51.3\%$
   C. $\pi_1 = \pi_2 = 56.4\%$　　　　D. $\pi_1 = \pi_2 = 65.8\%$

15. 为了解教育程度是否影响女性对工作和家庭的选择，分别抽取了 190 名高教育程度的女性和 200 名低教育程度的女性，询问她们理想工作和幸福家庭哪个更重要，得到结果如表 8.1 所示。在 $\alpha = 0.05$ 的显著性水平下，检验不同教育程度的女性对工作和家庭的选择是否相同，得出的结论是（　　）。

   A. 拒绝原假设　　　　　　　　B. 不拒绝原假设
   C. 可以拒绝原假设，也可以不拒绝原假设
   D. 可能拒绝原假设，也可能不拒绝原假设

16. φ 相关系数是描述两个分类变量之间相关程度的一个统计量，它主要用于（　　）。

   A. 4×4 列联表数据　　　　　B. 2×2 列联表数据
   C. 2×3 列联表数据　　　　　D. 2×4 列联表数据

17. φ 相关系数的取值范围是（　　）。

   A. [0,1]　　　B. [-1,0]　　　C. [-1,1]　　　D. 大于 1

18. 如果两个分类变量之间存在完全相关，则 φ 相关系数的取值为（　　）。

   A. 0　　　B. 小于 1　　　C. 大于 1　　　D. $|\varphi|=1$

19. 当 $|\varphi|=1$ 时，2×2 列联表中某个方向对角线上的值必须（　　）。

   A. 全等于 0　　B. 全大于 0　　C. 全等于 1　　D. 全小于 1

20. φ 相关系数的计算公式为（　　）。

A. $\sqrt{\dfrac{\chi^2}{n}}$　　　　　　　　　　　B. $\sqrt{\dfrac{\chi^2}{\chi^2+n}}$

C. $\sqrt{\dfrac{\chi^2}{\chi^2-n}}$　　　　　　　　D. $\sqrt{\dfrac{\chi^2}{n\times\min[(r-1),(c-1)]}}$

21. c 相关系数或列联系数的计算公式为（　　）。

A. $\sqrt{\dfrac{\chi^2}{n}}$　　　　　　　　　　　B. $\sqrt{\dfrac{\chi^2}{\chi^2+n}}$

C. $\sqrt{\dfrac{\chi^2}{\chi^2-n}}$　　　　　　　　D. $\sqrt{\dfrac{\chi^2}{n\times\min[(r-1),(c-1)]}}$

22. V 相关系数的计算公式为（　　）。

A. $\sqrt{\dfrac{\chi^2}{n}}$　　　　　　　　　　　B. $\sqrt{\dfrac{\chi^2}{\chi^2+n}}$

C. $\sqrt{\dfrac{\chi^2}{\chi^2-n}}$　　　　　　　　D. $\sqrt{\dfrac{\chi^2}{n\times\min[(r-1),(c-1)]}}$

23. 一所大学准备采取一项学生在宿舍上网收费的措施，为了解男、女学生对这一措施的看法，分别抽取了 150 名男生和 120 名女生进行调查，询问其赞成还是反对该项措施，并根据调查结果画出列联表。如果由此列联表计算的相关系数 $|\varphi|=1$，则表明（　　）。

A. 男生全部赞成，女生全部反对　　B. 男生和女生全部赞成

C. 男生和女生全部反对

D. 男生全部赞成，女生全部反对；或女生全部赞成，男生全部反对

24. 为了解教育程度是否影响女性对工作和家庭的选择，分别抽取了 190 名高教育程度的女性和 200 名低教育程度的女性，询问她们理想工作和幸福家庭哪个更重要，得到结果如表 8.1 所示。根据表 8.1 计算的 φ 相关系数为（　　）。

A. 0.184　　　　B. 0.181　　　　C. 0.814　　　　D. 0.811

25. 为了解教育程度是否影响女性对工作和家庭的选择，分别抽取了 190 名高教育程度的女性和 200 名低教育程度的女性，询问她们理想工作和幸福家庭哪个更重要，得到结果如表 8.1 所示。根据表 8.1 计算的 c 相关系数为（　　）。

A. 0.184　　　　B. 0.181　　　　C. 0.814　　　　D. 0.811

26. 当列联表的两个变量相互独立时，计算的列联相关系数 c（　　）。

A. 等于 1　　　B. 大于 1　　　C. 等于 0　　　D. 小于 0

27. 对同一个列联表计算 c 相关系数和 φ 相关系数，其结果是（　　）。

A. c 值必然大于 φ 值　　　　　　　　B. c 值必然等于 φ 值

C. c 值必然小于 φ 值　　　　　　　　D. c 值可能小于 φ 值

28. 对于列联表，利用 χ^2 统计量进行独立性检验，要求样本量必须足够大，特别是每个单元中的期望频数不能过小，如果只有两个单元，每个单元的期望频数必须（　　）。

A. 大于等于 1　　　B. 大于等于 2　　　C. 大于等于 5　　　D. 大于等于 10

二、判断题

1. 列联表是用于分析定量变量之间依存关系的一种分析方法。（　　）
2. 设 R 为列联表的行数，C 为列联表的列数，则 χ^2 分布的自由度为 $R \times C - 1$。（　　）
3. 2×2 列联表是四维列联表。（　　）
4. 列联表中每个变量可以有两个或两个以上类别。（　　）
5. 列联表中行列交叉位置的频数称为边缘频数。（　　）
6. 根据列联表进行独立性检验，检验的原假设是行变量和列变量之间不独立。（　　）
7. 根据列联表进行独立性检验和齐性检验，二者的检验统计量相同。（　　）
8. φ 相关系数主要适用于 2×2 列联表。（　　）
9. 对同一个列联表计算 c 相关系数和 φ 相关系数，c 值必然大于 φ 值。（　　）
10. φ 相关系数的取值范围是 $[0,1]$。（　　）

三、思考题

1. 简述列联表的构造。
2. 说明计算 χ^2 统计量的步骤。
3. 简述 φ 相关系数、c 相关系数、V 相关系数的各自特点。
4. 计算下列维数卡方检验的自由度。
（1）3 行 4 列　　（2）5 行 2 列　　（3）6 行 4 列　　（4）3 行 3 列
5. 针对你周围的现象构造一个列联表，说明这个调查中变量之间的关系，并提出进行检验的问题。
6. 简述独立性检验和齐性检验的区别和联系。

四、计算分析题

1. 某研究人员试图评价一个拥有 6000 名雇员的某保健组织内的禁烟政策。在设立禁烟政策 4 个月后，随机选择 434 名雇员进行民意调查，得到数据如表 8.2 所示。

表 8.2　吸烟状况与禁烟态度列联表　　　　　　　　　单位：人

吸烟状况	认可	不认可	不确定
从未吸烟	237	3	10
以前吸烟	106	4	7
现在吸烟	24	32	11

以 0.05 的显著性水平检验雇员对禁烟的态度与吸烟状况是否有关。

2. 欲研究不同收入群体对某种特定商品是否有相同的购买习惯，市场研究人员调查了四个不同收入组的消费者共 525 人，购买习惯分为：经常购买、不购买、有时购买。调查结果如表 8.3 所示。

表 8.3　收入水平与购买习惯列联表　　　　　　　　　单位：人

购买习惯	低收入组	偏低收入组	偏高收入组	高收入组
经常购买	25	40	47	46
不购买	68	51	74	57
有时购买	36	26	18	37

（1）提出假设。

（2）计算 χ^2。

（3）请以 $\alpha = 0.1$ 的显著性水平检验不同收入群体对某种特定商品的购买习惯是否相同。

3. 某调查公司在武汉、南京、上海三地共抽取了 240 人调查其对某部电视剧的喜好程度，结果如表 8.4 所示。

表 8.4　城市与态度列联表　　　　　　　　　　　　　单位：人

态度	武汉	南京	上海	合计
喜欢	40	30	20	90
无所谓	20	30	30	80
不喜欢	40	20	10	70
合计	100	80	60	240

（1）计算 χ^2。

（2）以 $\alpha = 0.1$ 的显著性水平检验三地对某部电视剧的喜好是否相同。

4. 某调查公司随机抽取了一个 $n = 400$ 的样本进行调查，对调查结果归类整理后发现每类的单位数分别是，$n_1 = 56$，$n_2 = 112$，$n_3 = 96$，$n_4 = 72$，$n_5 = 64$，依据以往经验，各类别在总体中的比例分别为：$\pi_1 = 0.1$，$\pi_2 = 0.2$，$\pi_3 = 0.3$，

$\pi_4 = 0.2$，$\pi_5 = 0.2$。以 $\alpha = 0.05$ 的显著性水平检验现在的情况与经验数据比例相比是否发生了变化。

5. 为了研究性别与职称的关系，随机抽取 1621 名中级以上职称的大学教师，记录其性别和职称，结果如表 8.5 所示。

表 8.5　性别与职称列联表　　　　　　　　　　　　单位：人

职称	女性	男性	合计
讲师	126	213	339
副教授	149	411	560
教授	60	662	722
合计	335	1286	1621

以 $\alpha = 0.05$ 的显著性水平检验性别与职称是否有关。

6. 为了研究学生的吸烟情况和父母的吸烟情况的关系，随机抽取 5375 名学生进行调查，得到结果如表 8.6 所示。

表 8.6　父母吸烟情况与学生吸烟情况列联表　　　　单位：人

学生吸烟情况	父母均吸烟	父母中有一人吸烟	父母均不吸烟
学生吸烟	400	416	188
学生不吸烟	1380	1823	1168

以 $\alpha = 0.05$ 的显著性水平检验学生吸烟情况与父母吸烟情况是否有关。

7. 某集团股份有限公司管理层为调动员工的积极性，提出了一项员工持股计划，因涉及各方利益，为了稳妥起见，决定从工人、一般管理人员和中高层管理人员这三大利益主体中按比例随机抽取 300 人进行调查，了解其对计划的支持情况，结果如表 8.7 所示。

表 8.7　员工类型与对持股计划支持态度列联表　　　单位：人

态度	工人	一般管理人员	中高层管理人员	合计
支持	120	32	7	159
反对	110	28	3	141
合计	230	60	10	300

以 $\alpha = 0.05$ 的显著性水平检验三大利益主体对该计划的态度是否一致。

8. 某报社关心读者的阅读习惯是否与其文化程度有关，随机调查 254 名读者，结果如表 8.8 所示。

表 8.8 文化程度与阅读习惯列联表　　　　　　　　　　单位：人

阅读习惯	大学以上	大学和大专	高中	高中以下
早上看	6	13	14	17
中午看	12	16	8	8
晚上看	38	40	11	6
有空看	21	22	9	13

以 $\alpha=0.05$ 的显著性水平检验读者的阅读习惯是否与文化程度有关。

9. 随机抽取 50 名消费者，出示三种由红颜色、黄颜色和蓝颜色包装的同样产品各一件，让其从中选出最喜欢的包装颜色，选择结果如表 8.9 所示。

表 8.9 性别与颜色偏好列联表　　　　　　　　　　　　单位：人

颜色偏好	男	女
红	3	14
黄	15	7
蓝	8	3

以 $\alpha=0.05$ 的显著性水平检验消费者性别与其对产品包装颜色的偏好是否相关。

10. 某公司为了解消费者对三种手机款式的偏好态度是否相同，随机从目标市场抽取 36 名消费者进行调查，得到他们对三款手机的偏好态度的数据如表 8.10 所示。

表 8.10 款式与偏好态度　　　　　　　　　　　　　　单位：人

偏好态度	款式 1	款式 2	款式 3
喜欢	1	4	6
一般	8	5	2
不喜欢	3	2	5

以 $\alpha=0.05$ 的显著性水平检验消费者对三款手机的偏好态度是否相同。

第九章 相关与回归分析

CHAPTER 9

一、选择题

1. 欲以图形显示两变量 X 与 Y 的相关关系，最好创建（　　）。
   A. 直方图　　　　B. 圆形图　　　　C. 柱形图　　　　D. 散点图

2. 下面相关系数取值错误的是（　　）。
   A. 0.89　　　　B. –0.75　　　　C. 1.15　　　　D. 1

3. 若两变量 X 与 Y 的相关系数为 0.8，则其一元线性回归方程的判定系数为（　　）。
   A. 0.50　　　　B. 0.80　　　　C. 0.64　　　　D. 0.90

4. 如果估计的回归方程通过检验且拟合效果较好，则可以利用该方程（　　）。
   A. 估计未来所需样本的容量　　　　B. 计算相关系数与判定系数
   C. 以给定的因变量估计自变量的值　　　　D. 以给定自变量的值估计因变量的值

5. 多元线性回归模型与一元线性回归模型的区别在于有不止一个（　　）。
   A. 判定系数　　　　B. 随机误差项　　　　C. 因变量　　　　D. 自变量

6. 两变量的线性相关系数为 0，表明两变量之间（　　）。
   A. 完全相关
   C. 不完全相关
   B. 无关系
   D. 不存在线性关系

7. 身高 X 与体重 Y 之间的关系是（　　）。
   A. 函数关系
   C. 相关关系
   B. 无关系
   D. 严格的依存关系

8. 两变量的线性相关系数为–1，说明两变量（　　）。
   A. 完全正相关
   C. 不存在线性相关
   B. 不完全相关
   D. 完全负相关

9. 产量 X（千件）与单位成本 Y（元）的样本回归方程为 $\hat{y}=77-2x$，表明产量每提高 1000 件，单位成本将平均（　　）。

A. 增加 2 元　　　　　　　　　　B. 增加 2000 元
C. 减少 2000 元　　　　　　　　D. 减少 2 元

10. 在相关分析中，对因变量与自变量的要求是（　　）。
    A. 自变量是随机变量，因变量是非随机变量
    B. 都是随机变量
    C. 因变量是随机变量，自变量是非随机变量
    D. 都不是随机变量

11. 下列变量间的关系不属于正相关关系的是（　　）。
    A. 身高与体重　　　　　　　　B. 正常商品的价格与供给量
    C. 产量与边际成本　　　　　　D. 广告费用与销售收入

12. 下列变量间的关系属于负相关关系的是（　　）。
    A. 身高与体重　　　　　　　　B. 正常商品的价格与需求量
    C. 产量与销售额　　　　　　　D. 广告费用与销售收入

13. 下面表述错误的是（　　）。
    A. 相关系数是度量两个变量之间线性相关关系强度的统计量
    B. 样本相关系数是一个随机变量
    C. 相关系数的绝对值不会大于 1　　D. 相关系数不会取负值

14. 两变量的简单相关系数为 0.8，说明（　　）。
    A. 两变量低度正相关　　　　　B. 两变量高度负相关
    C. 两变量高度正相关　　　　　D. 两变量完全正相关

15. 参数估计量 $\hat{\beta}$ 是 Y_i 的线性函数，则称该参数估计量具有（　　）的性质。
    A. 线性　　　B. 无偏性　　　C. 有效性　　　D. 一致性

16. 评价样本回归方程拟合程度的指标有（　　）。
    A. 回归系数　　B. 直线截距　　C. 判定系数　　D. 相关系数

17. 在回归分析中，被解释的变量称为（　　）。
    A. 自变量　　　B. 因变量　　　C. 随机变量　　D. 非随机变量

18. 在回归分析中，用来解释因变量的一个或多个变量称为（　　）。
    A. 自变量　　　B. 随机扰动项　　C. 随机变量　　D. 非随机变量

19. 在一元线性回归模型中，回归系数 β_1 的实际意义为（　　）。
    A. 当 $X=0$ 时，Y 的期望值
    B. 当 X 变动一个单位时，Y 的平均变动数量
    C. 当 X 变动一个单位时，Y 增加的总数量
    D. 当 Y 变动一个单位时，X 的平均变动数量

20. 在回归分析中，F 检验主要是用来检验（　　）。

A. 相关系数的显著性　　　　　　　B. 回归方程中回归系数的显著性
C. 回归方程线性关系的显著性　　　D. 估计标准误差的显著性

21. 在一元线性回归分析中，已知样本回归方程的判定系数为 0.81，那么可知（　　）。
    A. $r = 0.9$　　　　　　　　　　B. $r = -0.9$
    C. $r = 0.9$ 或 $r = -0.9$　　　　D. 无法计算 r

22. 回归平方和占总平方和的比例称为（　　）。
    A. 相关系数　　　　　　　　　　B. 回归系数
    C. 判定系数　　　　　　　　　　D. 估计标准误差

23. 在多元线性回归分析中，t 检验是用来检验（　　）。
    A. 总体线性关系的显著性　　　　B. 各回归系数的显著性
    C. 样本线性关系的显著性　　　　D. $H_0: \beta_1 = \beta_2 = \cdots = \beta_k = 0$

24. 在多元线性回归分析中，通常需要计算修正的多重判定系数，这样可以避免其值（　　）。
    A. 由于模型中自变量个数的增加而越来越接近 1
    B. 由于模型中自变量个数的增加而越来越接近 0
    C. 由于模型中样本容量的增加而越来越接近 1
    D. 由于模型中样本容量的增加而越来越接近 0

25. 在多元线性回归分析中，如果 F 检验表明线性关系显著，则意味着（　　）。
    A. 在多个自变量中至少有一个自变量与因变量之间的线性关系显著
    B. 所有的自变量与因变量之间的线性关系显著
    C. 在多个自变量中至少有一个自变量与因变量之间的线性关系不显著
    D. 所有的自变量与因变量之间的线性关系都不显著

26. 年劳动生产率 X（元/人）和工人工资 Y（元）之间的样本回归方程为 $\hat{y} = 10 + 70x$，这意味着年劳动生产率每提高 1 元，工人工资平均（　　）。
    A. 增加 70 元　　B. 减少 70 元　　C. 增加 80 元　　D. 减少 80 元

27. 相关关系与函数关系之间的联系体现在（　　）。
    A. 相关关系普遍存在，函数关系是相关关系的特例
    B. 函数关系普遍存在，相关关系是函数关系的特例
    C. 相关关系与函数关系是两种完全独立的现象
    D. 相关关系与函数关系没有区别

28. 一元线性回归分析中的回归平方和的自由度是（　　）。
    A. n　　　　　　B. $n-1$　　　　　　C. $n-k$　　　　　　D. 1

29. 如果误差项 ε 服从正态分布的假定成立，那么标准化残差图中，大约 95% 的

标准化残差落在（　　）。

　　A. -2~+2　　　　B. 0~1　　　　C. -1~+1　　　　D. -1~0

30. 变量 X 与 Y 之间负相关，是指（　　）。

　　A. X 值增大时 Y 值也随之增大　　　　B. X 值减少时 Y 值也随之减少

　　C. X 值增大时 Y 值随之减少，或者 X 值减少时 Y 值随之增大

　　D. Y 的取值几乎不受 X 取值的影响

31. 已知回归平方和 SSR=4584，残差平方和 SSE=146，则判定系数为（　　）。

　　A. 0.97　　　　B. 0.29　　　　C. 0.30　　　　D. 0.33

32. 在回归分析中，如果回归平方和占总平方和的比重较大则（　　）。

　　A. 相关程度高　　B. 相关程度低　　C. 完全相关　　D. 完全不相关

33. 下列回归方程中肯定错误的是（　　）。

　　A. $\hat{y} = 15 - 0.48x, r = 0.65$　　　　B. $\hat{y} = -15 - 1.35x, r = -0.81$

　　C. $\hat{y} = -25 + 0.85x, r = 0.42$　　　　D. $\hat{y} = 120 - 3.56x, r = -0.96$

34. 父子两人身高之间的关系是（　　）。

　　A. 函数关系　　B. 因果关系　　C. 无关系　　D. 相关关系

35. 标准化残差图主要用于直观判断（　　）。

　　A. 回归模型的线性关系是否显著　　　　B. 回归系数是否显著

　　C. 随机误差项是否服从正态分布　　　　D. 随机误差项的方差是否相等

36. 被解释变量的总变差中，可由回归直线解释的部分称为（　　）。

　　A. 总离差平方和　　B. 回归平方和　　C. 残差平方和　　D. 样本平方和

37. 某小学欲研究学生考试成绩 Y（满分 100 分）和学习时间 X 的关系，建立的考试成绩与学习时间的样本回归方程为：$\hat{y} = 180 - 5x$，下列说法正确的是（　　）。

　　A. $\hat{\beta}_0$ 值的计算有误　　　　B. $\hat{\beta}_1$ 值的计算有误

　　C. $\hat{\beta}_0$ 值和 $\hat{\beta}_1$ 值的计算都有误　　D. $\hat{\beta}_0$ 值和 $\hat{\beta}_1$ 值的计算都无误

38. 每一吨铸铁成本（元）与铸件废品率（%）的回归方程为：$\hat{y} = 56 + 8x$，这意味着（　　）。

　　A. 废品率每增加 1%，则每吨成本平均增加 64 元

　　B. 废品率每增加 1%，则每吨成本平均增加 8%

　　C. 废品率每增加 1%，则每吨成本平均增加 8 元

　　D. 废品率每增加 1%，则每吨成本平均为 56 元

二、判断题

1. 简单线性回归分析中的因变量与自变量都是随机的。（　　）

2. 在一元线性回归分析中，判定系数 $R^2=80\%$ 的含义为：因变量 Y 的总变化中有 80%可以由回归直线来解释和说明。（　　）

3. 判定系数与相关系数无关。（　　）

4. 对于一元线性回归模型的检验，t 检验与 F 检验的结论是一致的。（　　）

5. 两个变量之间完全相关即两个变量之间为函数关系。（　　）

6. 如果变量 X 与 Y 的皮尔逊相关系数等于 0，则两个变量之间没有相关关系。（　　）

7. 皮尔逊相关系数越大，则变量之间的线性相关关系越强。（　　）

8. 一元线性回归方程中，若回归系数为正数，则相关系数也一定为正数。（　　）

9. 工人技术水平提高，使劳动生产率提高，这种关系是一种不完全的正相关关系。（　　）

10. 正相关指的就是两个变量之间的变动方向都是上升的。（　　）

11. 相关系数是测定变量之间相关关系的唯一方法。（　　）

12. 在一元线性回归中，若回归系数 β_1 大于零，则两变量之间为正相关。（　　）

13. 函数关系是相关关系的一个特例。（　　）

三、思考题

1. 相关的种类有哪些？
2. 相关系数的特点有哪些？
3. 回归与相关的区别与联系。
4. 在回归分析中什么是置信区间估计和预测区间估计？二者有何区别？
5. 简述总变差平方和、回归平方和、残差平方和的含义，并说明它们之间的关系。
6. 一元线性回归分析中，t 检验与 F 检验的关系是什么？
7. 多元线性回归分析中，为什么在做了 F 检验以后还要做 t 检验？
8. 简述普通最小二乘法参数估计量的统计性质及含义。
9. 如何缩小参数估计量的置信区间？
10. 一元线性回归模型的古典假定有哪些？

四、计算分析题

1. 某企业上半年产品产量与单位成本的资料如表 9.1 所示。

表 9.1 某企业上半年产品产量与单位成本资料

月	产量/件	单位成本/元
1	2000	73
2	3000	72
3	4000	71
4	3000	73
5	4000	69
6	5000	68

（1）计算相关系数，说明两个变量相关的密切程度。

（2）结合回归方程，指出产量每增加 1000 件时，单位成本平均变动多少？

（3）假定产量为 6000 件，单位成本为多少元？

2. 根据某部门 8 个企业产品销售额和销售利润的资料得出以下计算结果：
$\sum xy = 189\,127$，$\sum x^2 = 2\,969\,700$，$\sum x = 4290$，$\sum y^2 = 12\,189.11$，$\sum y = 260.1$。

（1）计算产品销售额与利润额的相关关系。

（2）建立以利润额为因变量的直线回归方程并说明回归系数的经济意义。

3. 某汽车生产商欲了解广告费用 X 对销售量 Y 的影响，收集了过去 12 年的有关数据。通过计算得到表 9.2 和表 9.3。

表 9.2 方差分析表

变差来源	自由度	离差平方和	均方	F	Significance F
回归	1	A	1 422 708.6	C	2.17×10^{-9}
残差	10	220 158.07	B		
总计	11	1 642 866.67			

表 9.3 参数估计表

	系数	标准误差	t 统计量	P 值
截距	363.689 1	62.455 29	5.823 191	0.000 168
X	1.420 211	0.071 091	19.977 49	2.17×10^{-9}

（1）求 A、B、C 的值。

（2）销售量的变差中有多少是由广告费用的变动引起的？

（3）销售量与广告费用之间的相关系数是多少？

（4）写出估计的回归方程并解释回归系数的实际意义。

（5）检验线性关系的显著性（$\alpha = 0.05$）。

4. 随机抽查 5 家商场，得到某广告支出 x 和销售额 y 的资料如表 9.4 所示。

表 9.4　广告支出和销售额资料　　　　　　　单位：万元

广告支出 x_i	1	2	4	4	6
销售额 y_i	10	35	50	60	75

附：$\sum(y_i - \bar{y})^2 = 2470$，$\sum(\hat{y}_i - \bar{y})^2 = 2325.86$，$\bar{x} = 3.4$，$\bar{y} = 46$，$\sum x^2 = 7373$，$\sum xy = 970$；$F_{0.05}(1,5) = 6.61$，$F_{0.05}(5,1) = 230.2$，$F_{0.05}(1,3) = 10.13$，$F_{0.05}(3,1) = 215.7$，$F_{0.025}(1,5) = 10.01$，$F_{0.05}(1,3) = 17.44$。

（1）计算估计的回归方程。

（2）检验线性关系的显著性（$\alpha = 0.05$）。

5. 某企业为了研究产品产量与总成本的关系，随机抽取了 7 个时间点的产量与总成本数据，具体数据如表 9.5 所示。

表 9.5　产量和总成本数据

产量 x /件	20	23	27	31	31	40	38
总成本 y /万元	28	30	33	36	39	44	41

附：$\sum x = 210$，$\sum y = 251$，$\sum xy = 7784$，$\sum x^2 = 6624$，$\sum y^2 = 9207$，$t_{0.025}(5) = 2.571$。

（1）试用最小二乘法拟合总成本对产量的直线回归方程。

（2）对回归系数进行检验（$\alpha = 0.05$）。

（3）当产量为 30 件时，总成本 95% 的预测区间是多少？

6. 某高科技开发区五个软件企业的销售额和利润数据如表 9.6 所示。

表 9.6　销售额和利润数据

数据分布特征指标	产品销售额 x /万元	产品利润额 y /万元
平均值	421	113
标准差	30.07	15.41

附：$\sum xy = 240\,170$，$\sum x = 890\,725$，$\sum y = 65\,033$。

（1）根据上述数据，计算销售额与利润之间的相关系数。

（2）拟合产品利润对销售额的回归方程。

（3）当销售额为 600 万元时，这家高科技企业产品利润额的点估计值是多少？

7. 某市居民人均月收入与社会商品零售总额的资料如表 9.7 所示。

表 9.7　某市居民人均月收入与社会商品零售总额资料

项目	2017 年	2018 年	2019 年	2020 年	2021 年
人均月收入/元	800	850	900	950	980
社会商品零售总额/亿元	20	30	32	36	40

（1）求人均月收入与社会商品零售总额的相关系数，并拟合线性回归方程，说明回归系数的经济意义。

（2）根据人均月收入的估计值，推算 2022 年的社会商品零售总额。

8. 一些宝石的重量与其价格的资料如表 9.8 所示。

表 9.8　宝石的重量与价格资料

重量/克拉	0.17	0.16	0.17	0.18	0.25	0.16	0.15	0.19	0.21
价格/美元	353	328	350	325	642	342	322	485	483

（1）画散点图。

（2）拟合线性回归方程，并解释回归方程各系数的实际意义。

（3）如果某宝石重 0.23 克拉，请预测其价格为多少比较合适？

9. 某地区 12 个居民家庭人均月食品支出（元）与人均月收入（元）有如下资料，见表 9.9。

表 9.9　居民家庭人均月食品支出与人均月收入　　　单位：元

家庭编号	1	2	3	4	5	6	7	8	9	10	11	12
人均月食品支出	270	260	280	270	260	310	310	340	380	360	190	200
人均月收入	1020	960	1020	910	830	1230	1060	1290	1380	1580	540	640

试根据上述资料建立回归方程，检验回归模型的显著性，并预测当月收入为 920 元时，人均月食品支出为多少？

10. 现有 2020 年 7 个地区的资料，见表 9.10。

表 9.10　2020 年 7 个地区的人均地区生产总值和人均居民消费水平　　单位：元

地区	人均地区生产总值	人均居民消费水平
北京	99 995	36 057.0
天津	105 231	28 492.0
河北	39 984	12 171.3
山西	35 070	12 622.0
浙江	73 002	26 885.0
安徽	34 425	12 944.0
内蒙古	71 046	19 827.0

（1）以人均地区生产总值为自变量，人均居民消费水平为因变量绘制散点图。
（2）计算相关系数。
（3）构建回归方程。

第十章 时间序列分析与预测

CHAPTER 10

一、选择题

1. 时间序列在长时期内呈现出来的某种持续向上或持续下降的变动称为（   ）。
   A. 长期趋势　　　B. 季节变动　　　C. 循环变动　　　D. 不规则变动
2. 时间序列受季节影响所形成的一种长度和幅度相对固定的周期波动称为（   ）。
   A. 长期趋势　　　B. 季节变动　　　C. 循环变动　　　D. 不规则变动
3. 时间序列以若干年为周期呈现出的波浪起伏形态的有规律的变动称为（   ）。
   A. 长期趋势　　　B. 季节变动　　　C. 循环变动　　　D. 不规则变动
4. 时间序列中除去长期趋势、循环变动和季节变动之后的偶然性波动称为（   ）。
   A. 长期趋势　　　B. 季节变动　　　C. 循环变动　　　D. 不规则变动
5. 在时间序列的乘法模型中，与原序列 Y 计量单位相同的是（   ）。
   A. 长期趋势 T　　B. 季节变动 S　　C. 循环变动 C　　D. 不规则变动 I
6. 在年度时间序列中，不可能存在（   ）。
   A. 长期趋势　　　B. 季节变动　　　C. 循环变动　　　D. 不规则变动
7. 对一个时间序列求移动平均，通常是指对时间序列的所有数据（   ）。
   A. 求算术平均
   B. 求几何平均
   C. 逐项递移地求一系列算术平均
   D. 分段递移地求算术平均
8. 移动平均的平均项数越大，则它（   ）。
   A. 对序列的平滑修匀作用越强
   B. 对序列的平滑修匀作用越弱
   C. 对序列数据的变化反应越快
   D. 对序列数据的变化反应越大
9. 移动平均法适合预测（   ）。
   A. 平稳序列
   B. 非平稳序列
   C. 有趋势成分的序列
   D. 有季节成分的序列

10. 用指数平滑法得到的 $t+1$ 期的预测值等于（　　）。
    A. t 期的实际观察值与 $t-1$ 期指数平滑值的加权平均值
    B. t 期的实际观察值与 t 期指数平滑值的加权平均值
    C. t 期的实际观察值与 $t+1$ 期实际观察值的加权平均值
    D. $t+1$ 期的实际观察值与 t 期指数平滑值的加权平均值

11. 指数平滑法适合预测（　　）。
    A. 平稳序列　　　　　　　　　B. 非平稳序列
    C. 有趋势成分的序列　　　　　D. 有季节成分的序列

12. 使用指数平滑法进行预测时，如果时间序列比较平稳，则平滑系数 α 的取值（　　）。
    A. 应该小些　　B. 应该大些　　C. 应该等于0　　D. 应该等于1

13. 下面的哪种方法适合对含有趋势成分的时间序列进行预测（　　）。
    A. 移动平均法　　B. 简单平均法　　C. 指数平滑法　　D. 线性模型法

14. 如果现象随着时间的推移而呈现出增长量相对稳定的增长，则适合的预测方法是（　　）。
    A. 移动平均法　　B. 指数平滑法　　C. 线性模型法　　D. 指数模型法

15. 用最小平方法拟合直线趋势方程 $\hat{y}_t = a + bt$，若 b 为负数，则该现象趋势为（　　）。
    A. 上升趋势　　B. 下降趋势　　C. 水平趋势　　D. 不能确定

16. 直线趋势方程 $\hat{y}_t = a + bt$ 中，"b" 表示（　　）。
    A. 平均增长速度　　B. 时间每增加一个单位，现象 y 平均增加 b 个单位
    C. 平均发展速度　　D. 现象 y 随着时间增长，每期都以 b 的速度发展

17. 时间序列的长期趋势如果拟合为线性趋势方程 $\hat{y}_t = a + bt$，这说明（　　）。
    A. 现象变动的变化率在较长时期内不断变化
    B. 现象变动的变化量在较长时期内保持不变
    C. 现象变动的变化率在较长时期内保持不变
    D. 现象变动的变化量在较长时期内先大后小

18. 如果时间序列的逐期观测值按一定的增长率增长或衰减，则适合的预测模型是（　　）。
    A. 移动平均模型　　B. 指数平滑模型　　C. 线性模型　　D. 指数模型

19. 时间序列的长期趋势拟合为指数曲线 $\hat{y}_t = ab^t$ 时，若 $b = 1.15$，表明该时间序列（　　）。
    A. 每期增长速度为115%　　　　B. 每期增长速度为15%
    C. 每期增长速度为101.15%　　 D. 每期增长速度为1.15%

20. 从数据特征上判断，可以拟合指数曲线的时间序列满足（   ）。
    A. 序列的一次差大体相同　　　　　　B. 序列的二次差大体相同
    C. 序列中各逐期增长量大体相同　　　D. 序列的各环比增长率大体相同

21. 对时间序列拟合长期趋势模型，得到的趋势值为 100、110、121、133.1、146.4，所拟合的是（   ）。
    A. 线性趋势方程　　　　　　　　　　B. 抛物线趋势方程
    C. 指数趋势方程　　　　　　　　　　D. 修正指数曲线方程

22. 如果时间序列各期观测值与前一期观测值的二次增量接近于一个常量，则适合的预测模型是（   ）
    A. 线性模型　　　　　　　　　　　　B. 抛物线模型
    C. 指数曲线模型　　　　　　　　　　D. logistic 曲线模型

23. 如果现象在初期增长迅速，随后增长率逐渐降低，最终以 K 为增长极限。对这类现象进行预测适合的曲线是（   ）。
    A. 指数曲线　　B. 修正指数曲线　　C. 龚珀兹曲线　　D. logistic 曲线

24. 如果现象在初期增长缓慢，以后逐渐加快，当达到一定程度后，增长率逐渐下降，最后接近一条水平线。对这类现象进行预测适合的趋势线是（   ）。
    A. 指数曲线　　B. 修正指数曲线　　C. 龚珀兹曲线　　D. 直线

25. 一种产品初期的市场需求量增长很快，当社会拥有量接近饱和时，需求量逐渐趋于某一稳定的水平。你认为描述这种新产品的发展趋势采用下列哪种趋势线比较合适（   ）。
    A. 直线　　B. 修正指数曲线　　C. 龚珀兹曲线　　D. 二次抛物线

26. 根据月度时间数列资料计算的各月季节比率之和应为（   ）。
    A. 1　　　　　B. 0　　　　　C. 4　　　　　D. 12

27. 要用移动平均法消除季节变动，则移动平均项数 N（   ）。
    A. 应选择奇数　　　　　　　　　　　B. 应选择偶数
    C. 应与季节周期长度一致　　　　　　D. 可任意取值

28. 根据近几年的数据计算得到，某种商品第二季度销售量的季节比率为 1.6，表明该商品第二季度销售（   ）。
    A. 处于旺季　　　　　　　　　　　　B. 处于淡季
    C. 增长了 60%　　　　　　　　　　　D. 增长了 160%

29. 对于有增长趋势的季度序列，要测度季节变动，首先应（   ）。
    A. 分解出趋势值，并对趋势值进行预测
    B. 分解出趋势值，并从序列中剔除趋势值
    C. 分解出季节变动值，并对季节变动值进行预测
    D. 分解出季节变动值，并从序列中剔除季节变动值

30. 用"趋势剔除法"测定季节变动，适合于（　　）。
    A. 有增长或下降趋势的季节序列　　B. 呈水平趋势的季节序列
    C. 有趋势和循环的季节序列　　　　D. 各种时间序列

31. 季节比率说明的是（　　）。
    A. 各季节绝对水平的差异　　B. 各季节的相对差异
    C. 各季节趋势的影响　　　　D. 各季节的不规则差异

32. 各季节比率的合计等于（　　）。
    A. 各年年末合计数　　B. 各季节的不规则差异
    C. 各年年初合计数　　D. 季节周期 L（12 或 4）

33. 对时间序列数据作季节调整的目的是（　　）。
    A. 消除时间序列中季节变动的影响　　B. 补充时间序列中季节变动的影响
    C. 恢复时间序列中季节变动的影响　　D. 揭示时间序列中季节变动的影响

34. 若时间序列的长期趋势近似于水平趋势，测定季节变动时（　　）。
    A. 要考虑长期趋势的影响　　B. 可不考虑长期趋势的影响
    C. 不能使用原始资料平均法　　D. 要剔除长期趋势的影响

35. 根据各季度销售额计算的季节指数分别是：一季度 125%，二季度 70%，三季度 100%，四季度 105%。受季节因素影响最大的是（　　）。
    A. 一季度　　B. 二季度　　C. 三季度　　D. 四季度

36. 根据各季度销售额计算的季节指数分别是：一季度 125%，二季度 70%，三季度 100%，四季度 105%。受季节因素影响最小的是（　　）。
    A. 一季度　　B. 二季度　　C. 三季度　　D. 四季度

37. 如果月度时间序列中没有季节变动，在乘法模型中，季节变动的和应为（　　）。
    A. 0　　B. 1　　C. 4　　D. 12

38. 如果现象发展没有季节变动，则各月（或季度）的季节指数应该（　　）。
    A. 等于 0　　B. 等于 100%　　C. 小于 100%　　D. 大于 100%

39. 如果 1 月的季节指数等于 0，则表明该月（　　）。
    A. 没有季节变动的影响　　B. 有强烈的季节变动的影响
    C. 没有趋势的影响　　　　D. 有趋势的影响

40. 设 Y_i 和 F_i 分别是时间序列第 i 期的观测值和预测值，下面哪一个是均方误差的表达式（　　）。

    A. $\dfrac{\sum_{i=1}^{n}\left(\dfrac{Y_i - F_i}{Y_i} \times 100\right)}{n}$　　B. $\dfrac{\sum_{i=1}^{n}|Y_i - F_i|}{n}$

C. $\dfrac{\sum_{i=1}^{n}(Y_i - F_i)^2}{n}$ 　　　　　　　　D. $\dfrac{\sum_{i=1}^{n}(Y_i - F_i)}{n}$

二、判断题

1. 乘法模型中，时间序列的四种构成要素互相独立，无交互影响。（　　）
2. 加法模型中，时间序列的四种构成要素不互相独立，有交互影响。（　　）
3. 如果时间序列无季节变动和循环变动，但有线性趋势，则时间序列的变化轨迹为一条直线。（　　）
4. 除了周期不同外，季节变动与循环变动完全一样。（　　）
5. 移动平均的项数越多，移动平均列越光滑。（　　）
6. 移动平均法主要用于含线性变动趋势的时间序列的预测。（　　）
7. 指数平滑系数越大，指数平滑列越光滑。（　　）
8. 有线性增长趋势的时间序列，其每一期的增长量大致相等。（　　）
9. 现象若无季节变动，则季节比率为零。（　　）
10. 由季度数据测度季节比率，各季度的季节比率之和等于4。（　　）

三、思考题

1. 时间序列的构成要素有哪些？
2. 简述时间序列的预测程序。
3. 描述时间序列构成的模型有哪些？
4. 季节变动与循环变动有哪些区别？
5. 移动平均法的原理是什么？
6. 指数平滑法和移动平均法有何不同？
7. 常用的时间序列趋势模型有哪些？怎样对这些模型进行识别？
8. 简述季节指数的计算步骤。

四、计算分析题

1. 某县近四年各季度鲜蛋销量数据如表 10.1 所示。

表 10.1　某县近四年各季度鲜蛋销量　　　　单位：万公斤

第 x 年	一季度	二季度	三季度	四季度
1	13.1	13.9	7.9	8.6
2	10.8	11.5	9.7	11.0
3	14.6	17.5	16.0	18.2
4	18.4	20.0	16.9	18.0

试用移动平均法消除季节变动。

2. 某债券去年 12 个月的市场价格如表 10.2 所示。

表 10.2　某债券去年 12 个月的市场价格　　　　单位：元

月	1	2	3	4	5	6	7	8	9	10	11	12
市场价格	99.5	99.3	99.4	99.6	99.8	99.7	99.8	100.5	99.9	99.7	99.6	99.6

（1）计算这个时间序列的 3 个月和 4 个月的移动平均数。3 个月和 4 个月的移动平均数哪个能提供更合适的预测？

（2）下一个月的移动平均预测值是多少？

3. 连续调查某个班级某门课程的出勤情况，得到连续 11 次课的出勤率数据，如表 10.3 所示。

表 10.3　某门课程的出勤情况　　　　单位：%

上课时间	1	2	3	4	5	6	7	8	9	10	11
出勤率	90	92	94	93	93	94	95	94	92	93	94

（1）比较 $\alpha=0.2$ 和 $\alpha=0.3$ 时的指数平滑预测值，哪种方法能提供更合适的预测？

（2）预测下一次课的出勤率是多少？

4. 某房地产公司连续 12 个月的房产销售签约数据如表 10.4 所示。

表 10.4　某房地产公司连续 12 个月的房产销售签约数据　　　　单位：套

月	1	2	3	4	5	6	7	8	9	10	11	12
签约数	24	35	23	26	28	32	22	31	24	31	24	23

（1）比较 3 个月的移动平均预测值和 $\alpha=0.2$ 的指数平滑预测值，哪种方法能提供更合适的预测？

（2）下一个月的预测值是多少？

5. 商场某专柜最近六周的销售额数据如表 10.5 所示。尝试用三项移动平均法和指数平滑法（$\alpha=0.2$）对下一周的销售额进行预测，将部分计算结果记录在表格中。

表 10.5　商场某专柜最近六周的销售额数据　　　　单位：万元

周	数值	三期移动平均预测值	误差平方	指数平滑预测值	误差平方
1	11	—	—	—	—
2	13	—	—	11	（②）
3	15	—	—	（①）	（③）
4	17	13	16	12.12	23.81
5	13	15	4	13.10	0.01
6	12	15	9	13.08	1.17
合计	—	—	29	—	（④）

（1）填写表 10.5 中括号内的数字。
（2）用三项移动平均法进行预测，下一周销售额可能达到什么水平？
（3）用指数平滑法进行预测（$\alpha = 0.2$），下一周销售额可能达到什么水平？
（4）上述两种方法中，哪种能够提供更合适的预测？为什么？

6. 某公司近 6 年的员工人数如表 10.6 所示。

表 10.6　某公司近 6 年的员工人数　　　　　　　　　　单位：人

第 x 年	员工人数	第 x 年	员工人数
1	74 500	4	79 400
2	78 300	5	77 600
3	75 700	6	79 000

（1）画出线图。
（2）用最小二乘法确定线性趋势方程。
（3）预测第 7 年的员工人数。
（4）该段时间内员工人数平均每年增加多少？

7. 某地区近 8 年某种耐用商品的销量如表 10.7 所示。

表 10.7　某地区近 8 年某种耐用商品的销量　　　　　　单位：台

第 x 年	销量	第 x 年	销量
1	3500	5	6600
2	3800	6	7400
3	5200	7	7500
4	4500	8	8300

（1）用最小二乘法确定线性趋势方程，并解释线性趋势方程中斜率的含义。
（2）预测第 9 年的销量。

8. 某公司近 10 年股票的每股收益如表 10.8 所示。

表 10.8　某公司近 10 年股票的每股收益　　　　　　　单位：元

第 x 年	每股收益	第 x 年	每股收益
1	0.64	6	1.53
2	0.73	7	1.57
3	0.94	8	1.68
4	1.14	9	2.10
5	1.33	10	2.50

拟合趋势方程并预测下一年的收益。

9. 某公司近 11 年的销售额如表 10.9 所示。

表 10.9　某公司近 11 年的销售额　　　　单位：亿元

第 x 年	销售额	第 x 年	销售额
1	6.0	7	37.4
2	8.4	8	48.5
3	11.5	9	63.0
4	15.6	10	82.1
5	20.8	11	106.1
6	27.3	—	—

（1）绘制线图，并说明销售额序列的变化趋势。

（2）拟合趋势方程，并用此方程预测该公司第 12 年的销售额。

10. 某旅游景点近 7 年的季度游客数如表 10.10 所示。

表 10.10　某旅游景点近 7 年的季度游客数　　　　单位：万人

第 x 年	季度	游客数	第 x 年	季度	游客数
1	1	28	5	1	128
	2	86		2	188
	3	94		3	198
	4	62		4	158
2	1	48	6	1	154
	2	106		2	208
	3	114		3	220
	4	82		4	172
3	1	82	7	1	180
	2	140		2	240
	3	154		3	260
	4	120		4	232
4	1	100			
	2	162			
	3	174			
	4	130			

（1）利用移动平均比率法计算 4 个季度的季节指数。

（2）对剔除了季节变动的序列拟合趋势方程。

（3）预测第 8 年每个季度的游客数。

第十一章 统 计 指 数

CHAPTER 11

一、选择题

1. 广义上的指数是指反映（　　）。
    A. 价格变动的相对数　　　　　　B. 物量变动的相对数
    C. 动态的各种相对数　　　　　　D. 总体变动的相对数

2. 统计视角下，指数一般是指（　　）。
    A. 广义的指数概念　　　　　　　B. 拉氏和派氏指数概念
    C. 狭义的指数概念　　　　　　　D. 广义的指数和狭义的指数两种概念

3. 设 p 为商品价格，q 为销售量，则指数 $\dfrac{\sum q_1 p_0}{\sum q_0 p_0}$ 的实际意义是综合反映（　　）。
    A. 商品销售额的变动程度
    B. 商品价格变动对销售额的影响程度
    C. 商品销售量变动对销售额的影响程度
    D. 商品价格和销售量变动对销售额的影响程度

4. 下列指数属于数量指数的有（　　）。
    A. 商品物价指数　　　　　　　　B. 单位产品成本指数
    C. 平均工资指数　　　　　　　　D. 销售量指数

5. 下列指数属于质量指数的有（　　）。
    A. 商品销售额指数　　　　　　　B. 单位产品成本指数
    C. 产量指数　　　　　　　　　　D. 销售量指数

6. 在指数体系中，总量指数与各因素指数之间的数量关系为（　　）。
    A. 总指数等于各因素指数之和　　B. 总指数等于各因素指数之差
    C. 总指数等于各因素指数之积　　D. 总指数等于各因素指数之商

7. 某商场今年与去年相比，所有商品的价格平均提高了10%，销售量平均下降了10%，则商品的销售额（　　）。

A. 上升 B. 下降
C. 保持不变 D. 可能上升也可能下降

8. 某商品今年与去年相比，商品销售额没有变化，而各种商品的价格平均上涨了 7%，则商品销售量平均增加（或减少）的百分比为（ ）。
   A. -6.5% B. +3% C. +6.0% D. +14.3%

9. 三种电视机今年与去年相比，其销售量指数为 106%，销售额增长了 8%，则（ ）。
   A. 三种电视机的价格综合指数为 101.89%
   B. 三种电视机的价格均有所上涨
   C. 由于价格的提高销售额提高了 101.89%
   D. 由于价格的提高销售额提高了 14.48%

10. 居民消费价格指数反映了（ ）。
    A. 城乡商品零售价格的变动趋势和程度
    B. 城乡居民购买的生活消费品的价格的变动趋势和程度
    C. 城乡居民购买的服务项目的价格的变动趋势和程度
    D. 城乡居民购买的生活消费品和服务项目的价格的变动趋势和程度

11. 统计指数划分为个体指数和总指数的依据，是按指数（ ）。
    A. 反映的现象范围不同 B. 性质不相同
    C. 计算时是否进行加权 D. 内容不相同

12. 统计指数按其所反映的内容不同，可分为（ ）。
    A. 定基指数和环比指数 B. 平均指数和综合指数
    C. 数量指数和质量指数 D. 个体指数和总指数

13. 利用指数体系进行因素分析的结果可以表示为（ ）。
    A. 相对数 B. 绝对数
    C. 平均数 D. 相对数和绝对数

14. 我国股票价格指数采用的计算方法是（ ）。
    A. 平均指数 B. 综合指数
    C. 固定权数平均指数 D. 实际权数平均指数

15. 设 p 为商品价格，q 为销售量，指出下列哪个是拉氏数量指数公式（ ）。
    A. $\dfrac{\sum q_1 p_0}{\sum q_0 p_0}$ B. $\dfrac{\sum q_1 p_1}{\sum q_0 p_1}$ C. $\dfrac{\sum q_1 p_1}{\sum q_1 p_0}$ D. $\dfrac{\sum q_1 p_1}{\sum q_0 p_0}$

16. 某工厂本年产量比上年提高了 15%，产值增长了 20%，则产品价格平均提高了（ ）。
    A. 4.35% B. 5.0% C. 35.0% D. 38.0%

17. 某市2021年社会商品零售额为12 000万元，2022年增至15 600万元，这两年中物价上涨了4%，则商品零售额指数为（   ）。
    A. 130%   B. 104%   C. 80%   D. 125%
18. 如果生活费用指数上涨20%，则现在1元钱（   ）。
    A. 只值原来的0.80元   B. 只值原来的0.83元
    C. 与原来的1元钱等值   D. 无法与过去比较
19. 编制数量综合指数时一般应以什么作为权数（   ）。
    A. 报告期的质量指标   B. 基期的质量指标
    C. 报告期的数量指标   D. 基期的数量指标
20. 若同样多的人民币多购买商品3%，则物价（   ）。
    A. 下降3%   B. 上升3%   C. 下降2.91%   D. 不变
21. 编制单位成本综合指数时，权数一般应采用（   ）。
    A. 报告期销售量   B. 基期销售量
    C. 基期销售价格   D. 报告期销售价格
22. 指数按计算方法不同，可分为（   ）。
    A. 个体指数和总指数   B. 数量指数和质量指数
    C. 定基指数和环比指数   D. 平均指数和综合指数
23. 下列加权调和平均指数设计正确的是（   ）。
    A. $\bar{I}_q = \dfrac{\sum i_q p_0 q_0}{\sum p_0 q_0}$ B. $\bar{I}_q = \dfrac{\sum p_0 q_0}{\sum p_0 q_0 / i_q}$
    C. $\bar{I}_p = \dfrac{\sum p_0 q_0}{\sum p_0 q_0 / i_p}$ D. $\bar{I}_p = \dfrac{\sum p_1 q_1}{\sum p_1 q_1 / i_p}$
24. $\sum q_1 p_0 - \sum q_0 p_0$ 表示（   ）。
    A. 价格变动引起的产值增减数   B. 价格变动引起的产量增减数
    C. 产量变动引起的价格增减数   D. 产量变动引起的产值增减数
25. 某企业销售额增长了5%，销售价格下降了3%，则销售量（   ）。
    A. 增长8%   B. 增长1.94%   C. 增长8.25%   D. 增长1.85%
26. 甲产品报告期产量与基期产量的比值是110%，这是（   ）。
    A. 综合指数   B. 总指数   C. 个体指数   D. 平均数指数
27. 拉氏指数是指在编制价格综合指数时（   ）。
    A. 用基期的销售量加权   B. 用报告期的销售量加权
    C. 用某一固定时期的销售量加权   D. 选择有代表性时期的销售量加权
28. 派氏指数是指在编制价格综合指数时（   ）。
    A. 用基期的销售量加权   B. 用报告期的销售量加权

C. 用某一固定时期的销售量加权　　　D. 选择有代表性时期的销售量加权

29. 劳动生产率的可变构成指数为 134.2%，职工人数的结构影响指数为 96.3%。所以劳动生产率的固定构成指数为（　　）。

A. 139.36%　　B. 129.23%　　C. 71.76%　　D. 39.36%

30. 指出下列指数公式中哪个是派氏价格指数公式（　　）。

A. $\dfrac{\sum p_1 q_1}{\sum p_0 q_0}$　　B. $\dfrac{\sum p_1 q_1}{\sum p_0 q_1}$　　C. $\dfrac{\sum p_1 q_0}{\sum p_0 q_0}$　　D. $\dfrac{\sum p_1 q_1}{\sum p_1 q_0}$

31. 指出下列指数公式中哪个是拉氏价格指数公式（　　）。

A. $\dfrac{\sum p_1 q_1}{\sum p_0 q_0}$　　B. $\dfrac{\sum p_1 q_1}{\sum p_0 q_1}$　　C. $\dfrac{\sum p_1 q_0}{\sum p_0 q_0}$　　D. $\dfrac{\sum p_1 q_1}{\sum p_1 q_0}$

32. 某地区 2022 年的零售价格指数为 105%，这说明（　　）。

A. 商品销售量增长了 5%　　　　B. 商品销售价格平均增长了 5%
C. 由于价格变动销售量增长了 5%　　D. 由于销售量变动价格增长了 5%

二、判断题

1. 单位成本指数是数量指数。（　　）
2. 数量指数要变形为加权算术平均指数的形式，一般使用 $p_0 q_0$ 作权数。（　　）
3. 如果物价指数上升，物量指数不变，那么产值指数的增长率一定与物价指数的增长率相同。（　　）
4. 总指数等于各因素指数的代数和。（　　）
5. 根据平均指数编制的总指数，既可用于全面调查的资料，又可用于非全面调查的资料。（　　）
6. 指数体系因素分析的内容包括相对数形式和绝对数形式两种。（　　）
7. 使用报告期价格作为权数计算商品销售量指数没有包含价格变动的影响。（　　）
8. 总指数是反映多种事物数量综合变动的相对数，具有平均的意义。（　　）
9. 已知销售量指数是 100%，销售额指数是 108%，则价格指数是 8%。（　　）
10. 若某企业的产量指数和单位成本指数都没有变，则该企业的总成本指数也没有发生变化。（　　）

三、思考题

1. 如何理解指数的含义？其作用有哪些？有哪几种重要分类？

2. 试述综合指数与平均指数编制的一般原理。
3. 举例说明如何编制综合指数。
4. 什么是指数体系？如何构建指数体系？
5. 居民消费价格指数有哪些作用？
6. 加权综合指数和加权平均指数有何区别与联系？
7. 在构建多指标综合评价指数时，指标的转换方法有哪几种形式？
8. 简述因素分析的步骤。
9. 我国股票价格指数有哪几种？其编制方法如何？
10. 零售物价指数与居民消费价格指数有哪些区别？

四、计算分析题

1. 某商场销售资料如表 11.1 所示。

表 11.1　某商场销售资料

产品	实际销售额/万元 基期	实际销售额/万元 报告期	价格降低率/%
甲	117	80	10
乙	38	20	5
丙	187	250	15

（1）计算商品价格总指数及由于价格降低而减少的商品销售额。
（2）分析商品销售量指数及销售量变化对商品销售额的影响。

2. 某工厂的产量和价格资料如表 11.2 所示。

表 11.2　某工厂的产量和价格资料

产品	单位	产量 基期	产量 报告期	出厂价格/元 基期	出厂价格/元 报告期
甲	吨	2000	2400	100	120
乙	台	1000	1300	50	60
丙	吨	50	150	2000	2400

（1）计算三种产品的总产值指数。
（2）计算三种产品报告期总产值增（减）的绝对额。
（3）从相对数和绝对数两方面分析产量的变动对总产值变动的影响和价格变动对总产值的影响。

3. 某工业企业的工人人数与劳动生产率资料如表 11.3 所示。

表 11.3　某工业企业的工人人数和劳动生产率资料

按企业规模分组	工人人数/人		劳动生产率/吨	
	基期	报告期	基期	报告期
大型	3000	3200	1000	1200
中型	1500	3000	800	1000
小型	500	1800	500	600

（1）分析工人人数变动对总产量的影响。

（2）分析劳动生产率变动对总产量的影响。

（3）从绝对数和相对数两方面分析工人人数与劳动生产率对总产量的影响。

4. 已知某地区 2021 年的农副产品收购总额为 360 亿元，2022 年的收购总额比 2021 年增长 12%，农副产品收购价格总指数为 105%。试考虑 2022 年与 2021 年对比：

（1）农民因交售农副产品共增加多少收入？

（2）农副产品收购量增加了百分之几？农民因此增加了多少收入？

（3）由于农副产品收购价格提高了 5%，农民又增加了多少收入？

（4）验证以上三方面的分析结论能否保持协调一致。

5. 某企业 2021~2022 年生产三种产品的单位成本及产量资料如表 11.4 所示。

表 11.4　某企业 2021~2022 年生产三种产品的单位成本及产量资料

产品名称	单位成本/元			产量/万件		
	2021 年	2022 年		2021 年	2022 年	
		计划	实际		计划	实际
甲	8	7	6	40	50	52
乙	10	8	8	10	12	14
丙	6	15	14	8	10	10

（1）计算以实际产量为同度量因素的成本计划完成指数。

（2）计算 2022 年与 2021 年对比的成本指数和由于成本降低带来的节约金额。

6. 某集市贸易三种商品的资料如表 11.5 所示。

表 11.5　某集市贸易三种商品的资料

商品名称	贸易额/万元		二月比一月价格升降/%
	一月	二月	
猪肉	36	40	−25.0
鲜鱼	10	12	+5.0
蔬菜	18	18	+30.0

试分析贸易额的总变动受贸易量和价格综合变动的影响情况。

7. 某商店三种商品的销售资料如表 11.6 所示。

表 11.6　某商店三种商品的销售资料

商品	销售量/千克		单价/元		销售额/元	
	基期	报告期	基期	报告期	基期	报告期
巧克力	200	260	26	29	5200	7540
饼干	150	140	10	11	1500	1540
荔枝	70	89	37	40	2590	3560

试从相对数和绝对数两方面分析零售商店报告期比基期三种商品销售总额的增长情况，并分析销售量及价格变动对销售额的影响。

8. 甲、乙两企业某种产品产量及原材料消耗的资料如表 11.7 所示。

表 11.7　甲、乙两企业某种产品产量及原材料消耗的资料

企业	产品产量/万件		单耗/千克		单位原材料价格/元	
	基期	报告期	基期	报告期	基期	报告期
甲	85	90	21	19	8	9
乙	80	90	22	19	8	9

计算该种产品原材料支出总额指数、产品总产量指数、单耗总指数和价格总指数，并作简要分析。

9. 某管理局所属两个企业的资料如表 11.8 所示。

表 11.8　某管理局所属两个企业的资料

企业名称	产量/千克		职工人数/万人		劳动生产率/（千克/人）		劳动生产率指数/%
	基期	报告期	基期	报告期	基期	报告期	
甲	10 000	22 000	1	2	1	1.1	110
乙	5 000	6 000	1	1	0.5	0.6	120
合计	15 000	28 000	2	3	0.75	0.933	124.4

这两个企业生产同一种产品，劳动生产率都提高了，管理局的平均劳动生产率也提高了。甲、乙两个企业劳动生产率的提高程度为 10% 和 20%，为什么平均劳动生产率却提高了 24.4%？

第十二章 统计综合评价

CHAPTER 12

一、选择题

1. 综合指数法属于综合评价中较常用的方法，这种方法要求参与评价的指标最好属于（　　）。

   A. 绝对数据　　　B. 相对数或平均数　　　C. 顺序型数据　　　D. 分类型数据

2. 综合评价的方法有很多，这些方法的特点各不相同，但大多要求参与评价的指标之间属于（　　）。

   A. 高度相关　　　　　　　　　　B. 函数关系

   C. 毫无关系　　　　　　　　　　D. 有一定的经济联系

3. 综合指数综合评价方法属于平均法，其实质是（　　）。

   A. 算术平均法　　B. 调和平均法　　C. 几何平均法　　D. C-D 函数法

4. 多变量综合分析和评价中常用到几种无量纲化处理办法，这些办法的共同目的是达到（　　）。

   A. 可视性　　　　B. 可逆性　　　　C. 可比性　　　　D. 可加性

5. 综合评价时，标准值要根据评价分析的目的确定，常用的标准不包括（　　）。

   A. 企业标准　　　　　　　　　　B. 动态标准或历史标准

   C. 平均标准或最优标准　　　　　D. 行业标准

6. 在下列综合指标中，属于逆指标的是（　　）。

   A. 成本费用利润率　　　　　　　B. 社会积累率

   C. 流动负债率　　　　　　　　　D. 社会贡献率

7. 在企业综合统计评价过程中，对不同计量单位的指标数值进行同度量处理的方法不包括（　　）。

   A. 标准化法　　　B. 极值法　　　　C. 功效系数法　　D. 加权法

二、判断题

1. 综合评价的结论是一种事实。（   ）
2. 对于同一个评价对象，即使评价目的不同，评价指标和方法都相同。（   ）
3. 评价指标体系设计既要考虑必要性，也要考虑资料收集的可行性，否则再好的指标缺乏数据支持也是无用的。（   ）
4. 当评价对象和评价指标给定时，综合评价结果依赖于权重，权重确定得合理与否，关系到综合评价结果的可信度。（   ）
5. 功效系数法得分越低，则评价对象或综合评价指标越好。（   ）

三、思考题

1. 为何要进行统计综合评价？
2. 试述统计综合评价的基本思路。
3. 确定统计综合评价指标体系应遵循哪些原则？有哪些主要方法？
4. 为什么要对统计综合评价指标体系中的各指标确定权数？通常确定权数有哪些方法？
5. 简述利用综合指数法进行综合评价的一般步骤。
6. 为什么要对指标进行无量纲化处理？都有哪些方法？
7. 简述层次分析法的基本思想。
8. 谈谈你对统计综合评价方法的认识（包括其科学性及需要改进的问题）。
9. 评价指标中可能含有定性指标与定量指标，如何兼顾这两类评价指标的作用？即定性指标的量化问题。
10. 多个评价者之间存在观点、看法或利益冲突时，如何对各个被评价对象进行评价？

四、计算分析题

1. 某工业生产企业2021年和2022年7项经济效益指标的完成情况如表12.1所示。

表12.1 某工业生产企业2021年和2022年7项经济效益指标的完成情况

序号	指标	单位	2021年	2022年
1	总资产贡献率	%	9.8	10.99
2	资产保值增值率	%	126.94	121.23
3	资产负债率	%	65.16	65.19
4	流动资金周转率	%	1.52	1.57
5	成本费用利润率	%	2.73	2.98
6	全员劳动生产率	元/人	16 414	15 751
7	产品销售率	%	95.86	83

（1）使用综合指数法分别计算该企业基期和报告期的经济效益指数（各个指标的标准值和权数见本章相关内容）。

（2）结合计算结果，对该企业报告期的经济效益做简要评价和分析。

2. 某集团公司甲、乙两单位2022年经营情况及效益指标的有关资料如表12.2所示。

表 12.2　某集团公司甲、乙两单位 2022 年经营情况及效益指标

序号	指标	单位	权数	满意值	不容许值	甲	乙
1	总资产贡献率	%	15	12	8	10	11
2	资产保值增值率	%	10	150	100	110	145
3	资产负债率	%	8	50	80	52	48
4	流动资金周转次数	次	12	30	1	15	25
5	商品流通费用率	%	10	6	12	10	8
6	全员劳动生产率	元/人	8	15 000	10 000	12 000	14 500
7	费用利润率	%	5	70	40	42	68
8	销售利润率	%	8	30	10	15	28
9	增加值率	%	5	40	18	20	35
10	商品供应满足率	%	7	98	50	60	90
11	服务项目便利率	%	5	90	20	30	80
12	消费者满意程度	%	7	96	60	70	95

根据表 12.2，采用功效系数法（加权算术平均法），计算甲、乙两公司的功效系数综合得分，利用加权算术平均法对两公司的经营和效益情况进行综合统计评价。

附各章选择题及判断题答案

第一章 导 论

一、选择题

1. C   2. C   3. A   4. B   5. D   6. A   7. A   8. A   9. B
10. C   11. D   12. D   13. A   14. C   15. C   16. D   17. C   18. A
19. A   20. B   21. A   22. D   23. C   24. B   25. C   26. A   27. D
28. C   29. A   30. D   31. B   32. C

二、判断题

1. ×   2. ×   3. √   4. ×   5. √   6. ×   7. ×   8. ×   9. ×   10. ×

第二章 数据的收集

一、选择题

1. A   2. B   3. A   4. B   5. C   6. D   7. D   8. C   9. D
10. C   11. D   12. A   13. D   14. D   15. C   16. B   17. B   18. A
19. D   20. D   21. B   22. C   23. B   24. C   25. B   26. A   27. B
28. D   29. A   30. B   31. A   32. A   33. A   34. D   35. C

二、判断题

1. ×   2. ×   3. ×   4. √   5. ×   6. ×   7. ×   8. √   9. ×   10. √

第三章 数据的整理与显示

一、选择题

1. C   2. A   3. A   4. B   5. B   6. D   7. B   8. C   9. A
10. C   11. C   12. B   13. B   14. D   15. C   16. A   17. C   18. B

19. B 20. A 21. D 22. A 23. C 24. B 25. D 26. B 27. B
28. D 29. C 30. B 31. C 32. C 33. B

二、判断题

1. √ 2. √ 3. × 4. × 5. × 6. √ 7. × 8. √ 9. × 10. ×
11. √ 12. × 13. √

第四章　数据分布特征的测度

一、选择题

1. A 2. A 3. C 4. B 5. C 6. D 7. D 8. A 9. B
10. A 11. A 12. C 13. C 14. D 15. A 16. C 17. B 18. A
19. B 20. A 21. C 22. A 23. B 24. C 25. D 26. C 27. C
28. D 29. D 30. A 31. D 32. C 33. A 34. D 35. C 36. D
37. A 38. C 39. B 40. D

二、判断题

1. × 2. √ 3. × 4. × 5. × 6. × 7. × 8. × 9. √ 10. √
11. √ 12. × 13. × 14. √ 15. √

第五章　参　数　估　计

一、选择题

1. C 2. C 3. B 4. B 5. D 6. A 7. B 8. A 9. A
10. C 11. D 12. A 13. C 14. D 15. B 16. C 17. A 18. A
19. A 20. A 21. D 22. B 23. A 24. C 25. A 26. A 27. A
28. A 29. B 30. A 31. D 32. D 33. B 34. A 35. D 36. D
37. C 38. B 39. A 40. C

二、判断题

1. × 2. × 3. × 4. √ 5. × 6. √ 7. × 8. × 9. √ 10. ×
11. × 12. × 13. × 14. √ 15. ×

第六章　假设检验

一、选择题

1. A　2. B　3. C　4. A　5. A　6. D　7. B　8. C　9. A
10. C　11. D　12. D　13. D　14. C　15. D　16. B　17. A　18. D
19. D　20. A　21. D　22. B　23. C　24. A　25. A　26. B　27. B
28. C　29. C　30. A　31. B　32. A　33. B　34. A　35. B　36. A
37. B　38. B　39. A　40. A

二、判断题

1. ×　2. ×　3. ×　4. ×　5. √　6. ×　7. ×　8. ×　9. ×　10. √
11. √　12. ×

第七章　方差分析

一、选择题

1. B　2. C　3. B　4. D　5. A　6. C　7. D　8. A　9. A
10. C　11. C　12. B　13. D　14. B　15. A　16. B　17. C　18. C
19. B　20. D　21. C　22. D　23. C　24. B　25. B　26. A　27. D
28. A　29. A　30. A　31. C　32. C　33. A　34. C　35. D　36. B

二、判断题

1. ×　2. √　3. ×　4. ×　5. √　6. √　7. √　8. ×　9. √　10. ×

第八章　列联分析

一、选择题

1. A　2. D　3. C　4. B　5. B　6. A　7. C　8. A　9. C
10. A　11. C　12. A　13. A　14. C　15. A　16. B　17. C　18. D
19. A　20. A　21. B　22. B　23. D　24. A　25. B　26. C　27. C
28. C

二、判断题

1. × 2. × 3. × 4. √ 5. × 6. × 7. × 8. √ 9. √ 10. ×

第九章　相关与回归分析

一、选择题

1. D   2. C   3. C   4. D   5. D   6. D   7. C   8. D   9. D
10. C 11. C 12. B 13. D 14. C 15. A 16. C 17. B 18. A
19. B 20. C 21. C 22. C 23. B 24. A 25. A 26. A 27. A
28. D 29. A 30. C 31. A 32. A 33. A 34. B 35. D 36. B
37. C 38. C

二、判断题

1. × 2. √ 3. × 4. √ 5. √ 6. × 7. √ 8. √ 9. √ 10. ×
11. × 12. √ 13. √

第十章　时间序列分析与预测

一、选择题

1. A   2. B   3. C   4. D   5. A   6. B   7. C   8. A   9. A
10. A 11. A 12. A 13. D 14. C 15. B 16. B 17. B 18. D
19. B 20. D 21. C 22. B 23. B 24. C 25. B 26. D 27. C
28. A 29. B 30. A 31. B 32. D 33. A 34. B 35. B 36. C
37. D 38. B 39. B 40. C

二、判断题

1. × 2. × 3. × 4. × 5. √ 6. × 7. × 8. √ 9. × 10. √

第十一章　统 计 指 数

一、选择题

1. D   2. C   3. C   4. D   5. B   6. C   7. B   8. A   9. A
10. D 11. A 12. C 13. D 14. C 15. A 16. A 17. D 18. B

19. B　20. C　21. A　22. A　23. D　24. D　25. C　26. C　27. A
28. B　29. A　30. B　31. C　32. B

二、判断题

1. ×　2. √　3. √　4. ×　5. √　6. √　7. ×　8. √　9. ×　10. √

第十二章　统计综合评价

一、选择题

1. A　2. C　3. A　4. C　5. A　6. A　7. B

二、判断题

1. ×　2. ×　3. √　4. √　5. ×

案例 A Follow Me 探究工业旅游新模式
——基于张裕酒文化博物馆的调查

一、教学目的

一方面，使学生熟练掌握并运用统计学中最基本的数据收集的调查方法，从而进一步运用所学方法对数据进行整理、分析、显示，具备认识问题、分析问题、解决问题的能力；另一方面，能够洞察本地区社会经济发展的特色以及当前的热点问题，达到透过现象看本质的目的。

二、案例背景

工业旅游是以品牌文化、厂区环境、高新技术、生产流程等文化、技术和物资要素为资源的复合创新型旅游。2017 年 11 月山东省烟台张裕葡萄酒文化旅游区入选首批 10 个"中国国家工业旅游示范基地"并位列第一，挖掘其工业旅游的大学生市场对促进工业转型升级、培育新增长动力，帮助企业实现品牌竞争、提升综合收益，促进政府、游客和社区居民多方受益，形成多赢格局有十分重要的影响。本项目以张裕酒文化博物馆为依托，研究工业旅游的内涵系统结构，并对工业旅游的运营模式做现状评析，进一步选择适合工业旅游发展的运营模式。进一步探究工业旅游普及度、满意度，工业旅游运营模式的优势与缺陷，以及工业旅游市场的发展能力。

三、工业旅游及运营模式的现状研究

（一）概念解释

工业旅游是以品牌文化、厂区环境、高新技术、生产流程等文化、技术和物资要素为资源的复合创新型旅游，是工业生产和消费体验二者紧密结合和交互作用的纽带，是发展集约型经济和构建和谐社会的重要推动力量。工业旅游作为以工业遗迹、工程建设、工业企业等场景和生产活动为吸引物的旅游活动，是对工业旅游资源的综合利用。

工业旅游运营模式由以下五个部分组成：行政管理层，即企业的规划、决策、

管理、监督，人员的聘用与任免，公关与企业形象的推广、建设及形成企业精神和文化；销售层，即产品销售、市场开发、新产品推广、库品管理、用户服务；生产层，即材料设备的采购、使用和管理，生产组织、管理，产品检测、质量保证；技术层，即为生产销售提供技术支持和保证，情报收集、分析、处理、解析、技术创新、新产品开发，生产过程和生产产品的质量监测，人员技术培训；资金管理层，即资金使用的管理、监督、指导、考核、预警、融资、引资，生产经营成本的核算、考核等。

由于我国工业旅游起步较晚，很多工业旅游模式都是在模仿国外进行运营，从建筑设计文化层面来看，酒庄文化风格、运营模式、酒庄营销手段等基本上是舶来品，缺乏自己的特色。

（二）国内外工业旅游研究现状及趋势

王国华（2019）认为随着旅游业的持续发展工业旅游已在全球得到普遍重视，并发展迅速而逐步成为旅游产业中的一个极具活力的"增长点"。工业旅游起源于法国，最初在汽车行业推广，逐步深化为工业旅游。工业旅游在世界上已有50多年的历史，在发达国家已成为一种时尚，一些以工业旅游为主的发达国家或地区由此带动了经济的发展。例如，众所周知的法国雪铁龙汽车厂、德国鲁尔区等。

马玉龙（2016）提出国内开展工业旅游的新增企业数量稳步增加，国内工业旅游也已初见成效，如贵州的茅台、南京的钢铁，以及四川、武汉、北京等地也都以各种形式开展了工业旅游，有的还将企业与大学校园、各类主题博物馆等相串联，形成了各具特色的综合性旅游产品。但是，即使是工业旅游大省的山东省也只有39家，而山东省的企业数量有13 467家，相比之下，其工业旅游的数量还是太少。不可否认的是，各省的国有企业和非国有企业数量非常多，品牌企业也非常多，可开发多种工业旅游产品和项目，潜力巨大。

目前关于工业旅游的研究主要集中于产业经济性、交叉学科性、综述性理论研究，以及对工业旅游区域战略、行业企业开发实践的经验研究。国家工业旅游示范基地代表国内工业旅游发展的最高水平，对工业旅游发展具有较强的示范引领作用。通过实证研究发现，工业旅游认知体验和互动体验对企业品牌形象均具有正向的促进作用。2001年国家旅游局公布了我国首批100个工业旅游、农业旅游示范点候选单位名单。2018年山东推进工业旅游，2020年游客接待量达4000

万人次,年收入达 35 亿元。在此背景下借鉴国际发展经验,形成自身发展特色,对更快地推进国内工业旅游业的发展无疑具有重要的意义。

孙丽坤(2016)指出,随着中国旅游业的迅猛发展,以酒文化为吸引物的工业旅游正在各地兴起,葡萄酒旅游起源于历史悠久的法国,尚在起步阶段的中国葡萄酒旅游产业应正视现存的问题,因地制宜,大胆借鉴,科学谋划,协同创新。博物馆的建立、完善与提升,为传播与弘扬中华文化发挥着积极的作用。

(三)国内外工业旅游运营模式研究现状

随着社会、科技的发展和进步,人们的精神追求也在不断变化,主题公园、休闲体育运动场所、产业集聚区等普通的旅游产业已经不能满足人们对旅游的需求,旅游中融入科技已是当代旅游的趋势。苏维欢和郭晓东(2017)指出,在体验经济的背景下,工业旅游也随之发展起来。当"中国制造 2025"遇到"德国工业 4.0",我国传统工业的转型升级已经成为我们面临的最大的课题,"工业+旅游"的新型融合发展模式不仅成为传统工业转型升级的创新举措,也是现代企业提升企业形象、塑造企业品牌的新方式。

关于国内外的工业旅游模式,国外对工业旅游的开发相对较早,目前发展也相对较好,工业旅游模式比较稳定。国外工业旅游模式主要有以下几种:参观与历史回顾模式、综合景观型开发模式、工业遗产型开发模式、传统文化型开发模式、博物馆模式、公共游憩空间模式、与购物旅游相结合的商业综合开发模式。包玉存(2017)认为,就国内而言,当下的中国工业旅游产业已呈现出如下特色鲜明的十大发展模式:现代制造业展陈模式、科技园区资源多次开发模式、老工业基地转型升级模式、工矿城市更新发展模式、百年老店升级换代模式、工业博物馆开发模式、遗址公园发展模式、珠宝及工艺品体验购物模式、生产流程参与体验模式、"腾笼换鸟"与空间重构模式。

吴杨(2016)指出,随着工业旅游的发展,企业想要在工业旅游行业中争得一席之地,就得不断顺应时代改进其运营模式,但目前我国很多工业旅游都是模仿国外模式进行运营,缺乏创新性,从建筑设计文化层面来看,酒庄文化风格、运营模式、酒庄营销手段等基本上都是舶来品。在运营模式上仍存在规划设计模仿,缺少创新性;文化形象设计缺失;宣传手段单一;旅游营销手段过时;经营管理混乱,管理人员缺失;缺乏个性化服务;缺乏体验感;缺乏科技创新等诸多问题。

苏维欢和郭晓东（2017）初步探讨了中国目前工业旅游运营模式上的缺陷及解决措施，游客更愿意接受的旅游体验服务，以及工业旅游未来的发展潜力；在此基础上深入研究了工业旅游在现实运营中存在的问题与面临的障碍，并对工业旅游资源的合理开发以及工业旅游业的全面发展提出了建议，以达到最终推动工业旅游发展，帮助企业实现品牌竞争，提升综合收益，同时促进政府、游客和社区居民等多方受益，形成多赢格局的目的。

（四）研究意义

在旅游业高速发展的条件下，工业旅游运营模式优化对促进工业转型升级、培育新增长动力，帮助企业实现品牌竞争、提升综合收益，促进政府、游客和社区居民多方受益，形成多赢格局有十分重要的影响，该研究具有创新性、必要性和重要性。

1. 创新性

本次研究不同于从外部环境下手探寻影响工业旅游发展的因素，而是从工业旅游运营模式着手，从企业内部探寻制约工业旅游发展的根本因素，解决制约工业旅游发展的根本因素，从工业旅游产业链的源头入手解决问题。

2. 必要性

工业旅游是对现有工业企业资源的深化利用。优化运营模式发展这一旅游项目，有利于企业扩大社会影响、提高知名度，同时可以改善企业的整体发展环境。

3. 重要性

工业旅游是较新型的旅游模式，优化运营模式可以从根源上解决制约工业旅游发展的因素，大力促进工业旅游发展。并且发展工业旅游既可以为企业提供良好的宣传渠道，又为企业开辟了一条通过收取参观费等获取额外收入的新途径，带动了相关产业，促进了经济发展，可以进一步了解外部环境，掌握最新的市场动态和信息。

（五）研究思路

本案例的研究思路如图 A.1 所示。

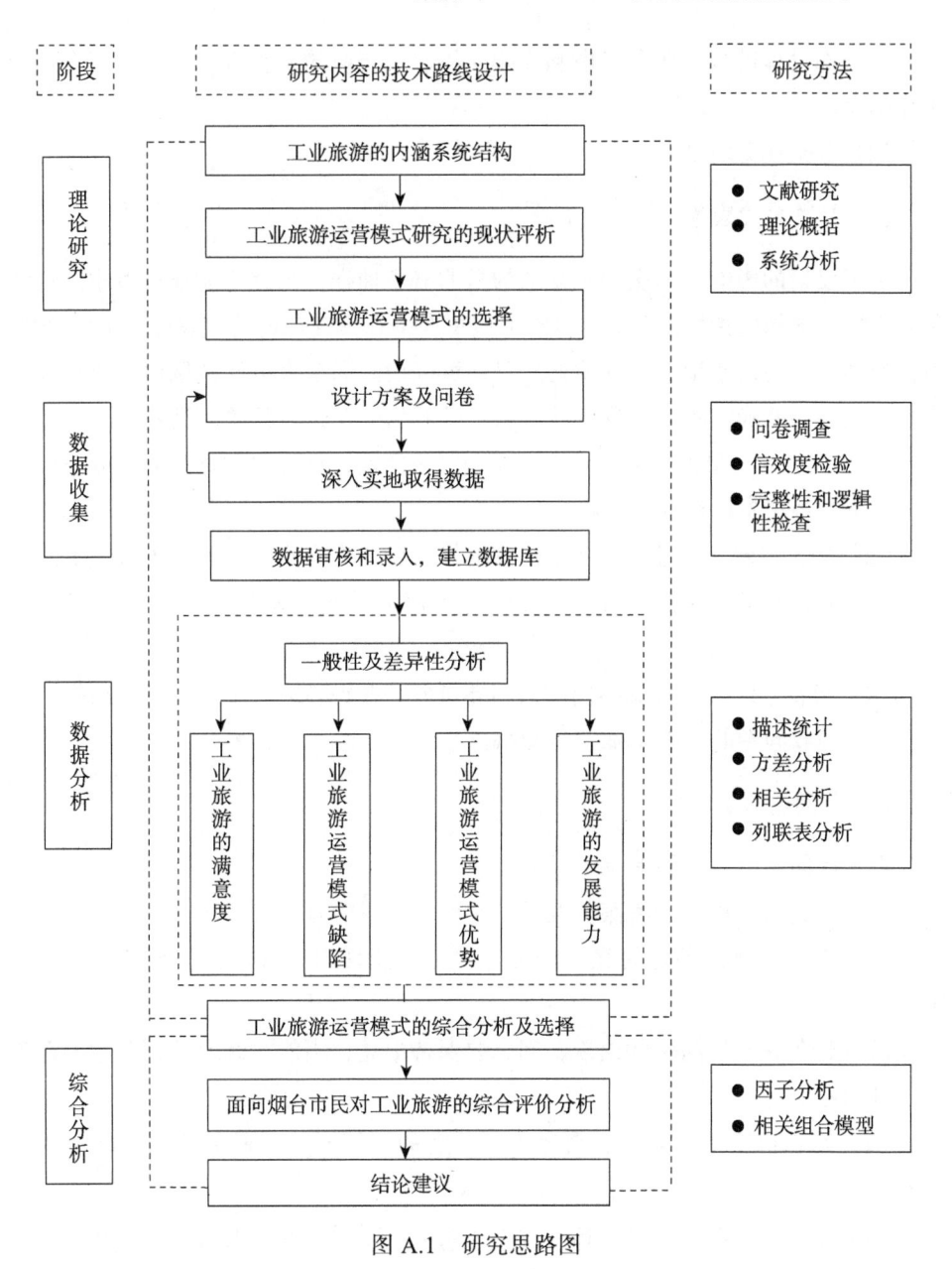

案例 A　Follow Me 探究工业旅游新模式

阶段	研究内容的技术路线设计	研究方法
理论研究	工业旅游的内涵系统结构 → 工业旅游运营模式研究的现状评析 → 工业旅游运营模式的选择	● 文献研究 ● 理论概括 ● 系统分析
数据收集	设计方案及问卷 → 深入实地取得数据 → 数据审核和录入，建立数据库	● 问卷调查 ● 信效度检验 ● 完整性和逻辑性检查
数据分析	一般性及差异性分析 → 工业旅游的满意度 / 工业旅游运营模式缺陷 / 工业旅游运营模式优势 / 工业旅游的发展能力	● 描述统计 ● 方差分析 ● 相关分析 ● 列联表分析
综合分析	工业旅游运营模式的综合分析及选择 → 面向烟台市民对工业旅游的综合评价分析 → 结论建议	● 因子分析 ● 相关组合模型

图 A.1　研究思路图

四、调查方案

（一）调查方案设计

调查方案是我们此次执行调研项目的整体框架，是实现调查目标的行动纲领和指南。我们根据调查研究的目的和调查对象的性质，对调查工作总任务的各个方面和全部过程进行了通盘考虑和安排，提出了相应的调查方案，制定了合理的工作程序。

调查方案详见附录1。

（二）样本代表性

由于疫情的影响，本次调查采取的是非概率抽样，因此不能通过概率反证法估算出样本的相应指标。为了尽可能地使本次调查具有合理的代表性，在科学性、可操作性等原则的基础上，此次调查是在可以控制的最大可能范围内，以最大可靠性、最小误差确定的样本量，并试图从以下几个方面确保样本代表性。

（1）样本量。在非概率抽样中，根据以往经验，有效样本量达到400份以上时，样本的各类指标逐渐趋于稳定。

（2）最大方差。为了得到一个保守的样本量，将样本方差确定为最大值。

（3）边际误差。本次调查，在95%的置信水平下，即边际误差为5%的条件下进行。

（4）问卷有效率。考虑到回收的问卷可能存在错答或者乱答现象，根据以往经验，将回收问卷的有效率确定为90%。

（三）问卷设计

在本次问卷中，我们考虑了以下因素。

（1）单选问题的备选答案要互斥，它们之间不能有交集。

（2）多选问题的备选答案必须穷尽，尽可能列出所有重要答案，保证没有遗漏。

（3）避免诱导性问题的出现，问题要保持中立，不能有倾向性，题干要避免出现判断性语句。

（4）问卷长度不能太长，要考虑回答者的回答耐心，避免使用复杂晦涩的语句。

（5）在预调查之后，对问题进行适当调整、完善，最终确定正式问卷。

本次问卷的设计主要经过了以下步骤。

（1）确定调查目的、内容和局限。

（2）确定数据的收集方法。

（3）确定问题的回答形式。

（4）确定问卷的流程和编排。

（5）确定问卷的措辞。

（6）在预调查之后，对问题进行适当调整、完善。

（7）确定最终问卷。

在此次问卷设计中，主要包括单选题、多选题、量表等，保障了问题的多样性，同时保证了被调查者可以更为方便地填写问卷。

调查问卷详见附录2。

五、调查实施

（一）组织调查实施

由于疫情原因，本次调查中，我们主要采用了线上网络问卷的调查方式。以烟台市民为抽样总体，以市民个体为抽样调查单位，采用网上志愿者抽样。通过问卷星软件，将调查问卷在朋友圈、QQ空间以及各种社群中进行发布，从而收集数据。

（二）调查过程执行

本次调查的对象为烟台市全体市民。由于采用了网络问卷的调查形式，问卷填写者所在地区无法确定，因此我们在第一题设置了甄别问题，非烟台市居民将不填写此次问卷。如出现非烟台市居民填写问卷，则问卷终止。

为确保此次问卷的填写质量，我们对成功回收的问卷的填写内容进行了筛选，主要为以下几个方面。

（1）剔除填写时长低于1分钟的问卷。

（2）剔除开放题填写不规范的问卷。

（3）剔除填写IP相同的问卷。

（4）由于此次问卷中量表较多，为防止出现被调查者填写问卷不认真的现象，我们对成功回收的问卷的量表的填写内容也进行了筛选，对同一量表答案完全相同、不同量表答案完全相同的问卷进行了谨慎筛选，剔除整体疑似胡乱填写的问卷。

此次调查共回收450份调查问卷，剔除无效问卷8份，剩余有效问卷442份，回收有效率为98.22%。

（三）数据处理

1. 效度检验分析

表A.1的KMO值均大于0.71，Bartlett的球形度检验的P值为0.000，由此可知评分量表结构效度较高。

表 A.1　KMO 和 Bartlett 检验（一）

检验内容	KMO 值	Bartlett 的球形度检验 近似卡方	P 值
对张裕满意度	0.932	9 158.167	0.000
现有项目满意度	0.945	12 203.560	0.000
宣传方式接受度	0.874	1 381.409	0.000
新项目接受度	0.954	5 802.597	0.000
新服务期望度	0.914	2 397.568	0.000

2. 信度检验分析

信度检验的目的是考察量表的一致性、稳定性和可靠性，本案例采用 Cronbach（克龙巴赫）提出的系数进行信度检验。系数的计算公式如下：

$$\text{Cronbach's } \alpha = \frac{q}{q-1}\left[1-\frac{\sum_{i=1}^{q}\text{Var}(x_i)}{\text{Var}(H)}\right]$$

式中，x_i 是第 i 个题目；q 是量表中题目的总数，即 x_i 的数量；$\text{Var}(x_i)$ 是第 i 题得分的题内方差；$\text{Var}(H)$ 是总题项（总得分）的方差。

系数越接近于 1，信度越高。判断标准为：Cronbach's α 大于或等于 0.7，认为信度较高；Cronbach's α 在 0.35～0.7，认为信度普通；Cronbach's α 小于 0.35，认为信度较低。

在对调查问卷的各个表格进行信度检验分析之后，根据表 A.2 所示结果，系数均大于 0.7，可知量表通过了信度检验。

表 A.2　量表信度检验分析

检验内容	Cronbach's α
对张裕满意度	0.999
现有项目满意度	0.999
宣传方式接受度	0.905
新项目接受度	0.966
新服务期望度	0.941

（四）调查质量控制

（1）对问卷内容进行严格控制，通过预调查对问卷的不足之处进行调整，对问卷的语句和措辞进行反复斟酌与修改。

（2）在前期准备工作中，对调查者进行相应的培训，并详细说明此次调查计划以及调查要求。

(3)制订详细的调查计划,要求调查者严格执行调查要求,认真进行准备工作。同时,在后期数据录入过程中,谨慎细心,严格遵循录入要求,为防止数据录入时产生错误,两人一组进行此过程。

(4)对成功回收的问卷进行质量把控,严格筛选,剔除无效问卷、不规范问卷,从而保证后期分析时所用的数据高质量、有效。

(5)在后期数据进行分析时,针对不同问题选用合适的分析方法,不随意进行数据调整,保证分析结果真实有效。

(6)对分析结果与预想结果有矛盾的问题进行认真分析,找出原因,对可改正的问题重新进行分析,并得出结果。

六、数据分析

(一)正式样本的样本量及样本构成

以烟台市民为抽样总体,以市民个体为抽样调查单位,采用网上志愿者抽样的方法。实际回收问卷450份,有效率98.22%。样本构成见表A.3。

表A.3 样本构成

分类变量	类别	人数/人	百分比/%
性别	男生	200	45.2
	女生	242	54.8
	合计	442	100
户籍	城镇	253	57.2
	农村	189	42.8
	合计	442	100
旅游消费支出	500元以下	161	36.4
	500~1000元	119	26.9
	1000~2000元	77	17.4
	2000~3000元	39	8.8
	3000元及以上	46	10.4
	合计	442	100

(二)张裕酒文化博物馆工业旅游运营模式的一般性分析

1. 工业旅游运营模式的满意度分析

烟台市芝罘区的张裕酒文化博物馆以"山东省烟台张裕葡萄酒文化旅游区"于2017年11月入选首批"中国国家工业旅游示范基地"并位列第一,为此我们选择了张裕酒文化博物馆开展此次调查。调查数据显示,有70%的市民没有参观过张裕酒文化博物馆,只有30%的人是参观过的,这说明张裕酒文化博物馆并没有深入市民群体，张裕酒文化博物馆的普及度不够。

1）服务项目的满意度分析

去过张裕酒文化博物馆的市民，对文化形象、环境卫生、基础设施、服务人员的专业素养等满意度比较高，平均得分在 4 分左右，相对于总分 5 分而言比较高，说明去过张裕酒文化博物馆的市民对于博物馆的满意度比较高。其中对文化形象满意度打分的平均值最高，平均得分为 4.03 分；其次是环境卫生，平均得分为 3.99 分；再次是基础设施与服务人员的专业素养，平均得分为 3.98 分，相比较而言，服务态度平均得分与体验项目平均得分偏低。具体见表 A.4。

表 A.4　服务项目满意度打分表

项目	平均值/分	标准差/分	偏度	变异系数/%
服务态度	3.91	0.902	−0.827	23.07
环境卫生	3.99	0.902	−1.073	22.61
基础设施	3.98	0.937	−1.004	23.54
体验项目	3.81	0.952	−0.527	24.99
专业素养	3.98	0.995	−1.238	25.60
文化形象	4.03	0.891	−1.025	25.00

上述指标中，各指标之间没有很大差异。其中专业素养的标准差最大，标准差为 0.995 分，说明专业素养的差异最大；文化形象的标准差最小，标准差为 0.891 分，说明文化形象的差异最小，二者相差 0.104 分。上述指标的偏度都小于 0，说明数据分布属于负偏。例如，文化形象的偏度为−1.025，说明对文化形象满意度评价的分数比均值高，大家对张裕酒文化博物馆的文化形象满意度较高。体验项目的偏度为−0.527，是上述指标中偏度绝对值最小的，说明大家更偏向于满意张裕酒文化博物馆的体验项目，但相较于文化形象来说还有不足。专业素养的偏度为−1.238，说明对专业素养满意度评分的分值比均值高，而且在 6 项指标中专业素养的偏度绝对值最大，说明市民对于张裕酒文化博物馆专业素养的满意度更高。

上述 6 项指标相比较，其中专业素养和文化形象的变异系数最大，分别为 25.60%和 25.00%，说明这两项指标的变异程度最大；环境卫生的变异系数最小，为 22.61%，说明在这 6 项指标中其变异程度最小。

2）体验项目的满意度分析

去过张裕酒文化博物馆的烟台市民，对博物馆具体体验项目的满意度评分，8 项指标的均值都在 3.9 左右，相对于总分 5 分比较高，说明去过张裕酒文化博物馆的烟台市民对张裕酒文化博物馆的体验项目的满意度相对较高。其中对地下大酒窖（百年桶王）与历史发展介绍的满意度最高，平均得分为 4.06 分与 4.04 分。其次是葡萄酒知识介绍与品酒，平均得分为 3.94 分与 3.92 分。平均得分最低的是软木塞制作，平均得分只有 3.78 分，相较于其他项目满意度较低。具体见表 A.5。

表 A.5　体验项目满意度打分表

项目	平均值/分	标准差/分	偏度	变异系数/%
产品购买（红酒、酒杯、面膜、香皂等）	3.85	0.852	−0.357	22.13
品酒	3.92	0.844	−0.315	21.53
葡萄酒知识介绍	3.94	0.946	−0.901	24.01
软木塞制作	3.78	0.941	−0.569	24.89
地下大酒窖（百年桶王）	4.06	0.857	−0.761	21.11
历史发展介绍	4.04	0.916	−1.114	22.67
体验红酒装瓶	3.90	0.906	−0.410	23.23
时空邮箱	3.85	0.915	−0.269	23.77

上述指标中，各指标之间没有很大差异。其中葡萄酒知识介绍的标准差最大，标准差为 0.946 分，说明葡萄酒知识介绍的满意度差异最大；品酒的标准差最小，标准差为 0.844 分，说明品酒的满意度差异最小，二者相差 0.102 分。上述 8 项指标的偏度都小于 0，说明数据分布属于负偏，满意度评分分数比均值要高。例如，产品购买（红酒、酒杯、面膜、香皂等）的偏度为−0.357，说明产品购买（红酒、酒杯、面膜、香皂等）的满意度评分的分数比均值要高，大家对张裕酒文化博物馆的产品购买（红酒、酒杯、面膜、香皂等）的满意度比较高。时空邮箱项目的满意度偏度为−0.269，是 8 项指标中绝对值最小的，说明市民对张裕酒文化博物馆的时空邮箱比较满意。历史发展介绍的偏度为−1.114，说明对历史发展介绍的满意度评分的分数比均值要高，而且在 8 项指标中历史发展介绍偏度的绝对值最大，说明市民对于张裕酒文化博物馆历史发展介绍的满意度更高。

上述 8 项指标相比较，其中软木塞制作与葡萄酒知识介绍的变异系数最大，分别为 24.89%和 24.01%，说明这两项指标的变异程度最大；地下大酒窖（百年桶王）的变异系数最小，为 21.11%，说明在这 8 项指标中其变异程度最小。

2．工业旅游运营模式缺陷分析

1）服务缺陷分析

在去过张裕酒文化博物馆的市民中，57.1%的人认为张裕酒文化博物馆存在缺乏餐饮服务的问题，56.4%的人认为张裕酒文化博物馆存在休息区域缺少的问题，而认为张裕酒文化博物馆引领服务不足、讲解服务不足、游览导图不足的市民相对较少，但也存在相关问题，需要做出相应改进。具体数据见表 A.6。

表 A.6 服务缺陷分析表

项目	响应个案数	个案百分比/%
引领服务	41	30.8
讲解服务	43	32.3
餐饮服务	76	57.1
游览导图	41	30.8
休息区域缺少	75	56.4
其他	7	5.3
总计	283	

2）了解程度分析

在对于张裕酒文化博物馆的了解程度的调查中，其中有 167 人表示对于张裕酒文化博物馆的了解程度是略有所知，占 37.78%；有 110 人表示对于张裕酒文化博物馆只是听说过，占 24.89%；有 101 人表示对张裕酒文化博物馆不了解，占 22.85%；其中只有 15 人表示对张裕酒文化博物馆非常了解，仅占 3.39%；49 人表示对张裕酒文化博物馆了解，仅占 11.09%。数据表明，市民对张裕酒文化博物馆的了解度不够。了解程度人数分布图见图 A.2。

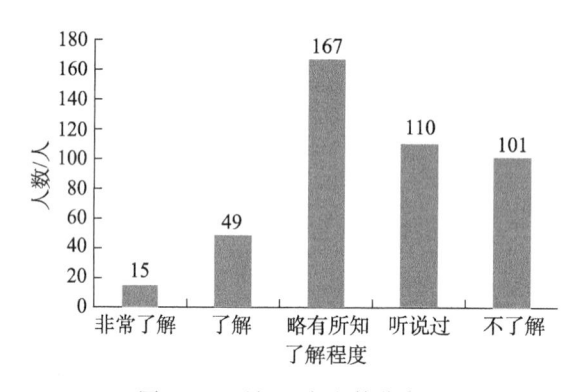

图 A.2 了解程度人数分布图

在对去张裕酒文化博物馆旅游是否会购买葡萄酒的调查中，仅有 43% 的人表示会购买张裕葡萄酒，有 57% 的人表示在去张裕酒文化博物馆旅游时不会购买张裕葡萄酒。在张裕酒文化博物馆旅游时会购买葡萄酒的人数占比较少，多数人不会购买葡萄酒，张裕酒文化博物馆应减少葡萄酒的推销及葡萄酒柜台摆放。

3）宣传缺陷分析

只有 45% 的烟台市民看到过关于张裕酒文化博物馆的宣传，而有 55% 的烟台市民表示没有看到过关于张裕酒文化博物馆的宣传，说明张裕酒文化博物馆在宣传方面力度不够，没有深入市民，在市民中没有很高的普及度。

在看过张裕酒文化博物馆的宣传的人群中,有 77 人表示在微信公众号里看到过关于张裕酒文化博物馆的宣传,占 38.69%;有 76 人表示在短视频平台看过张裕酒文化博物馆的宣传,占 38.19%。而对于其他宣传方式,像直播平台、微博、宣传片等,看到过的人相对偏少,在这些宣传方式上投入的宣传力度不够。具体人数分布图见图 A.3。

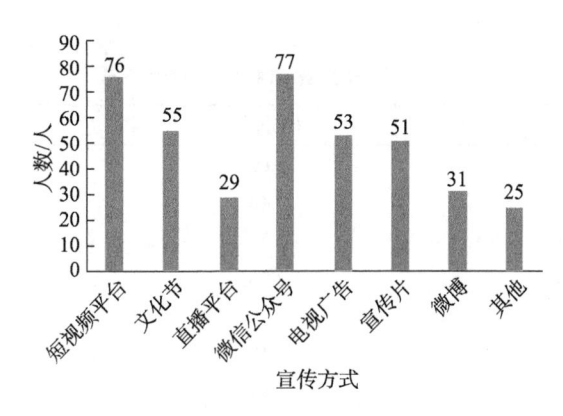

图 A.3 接触过的宣传方式人数分布图

3. 工业旅游运营模式优势分析

1)旅游动机分析

在烟台市民的旅游动机的调查中,有 327 人希望可以在张裕酒文化博物馆领略历史文化,占总人数的 73.98%;有 324 人希望体验制酒过程,占 73.30%;再者有 264 人希望可以起到开阔眼界的作用,占 59.73%;有 175 人希望通过张裕酒文化博物馆提高个人素质,占 39.59%。由此可以看出,张裕酒文化博物馆可以推出体验制酒过程与可以使游客领略到历史文化的项目。旅游动机分析图见图 A.4。

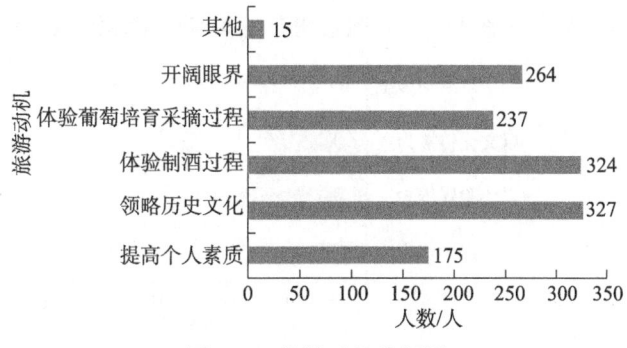

图 A.4 旅游动机分析图

2）宣传方式接受度分析

在宣传方式接受度的调查中，烟台市民对于通过短视频平台拍摄短视频的方式接受度最高，排在第一位；再者是通过文化节与微信公众号推送文章的方式进行宣传，分别排在第二、第三位。后期张裕酒文化博物馆在进行宣传的时候可以优先选择这几种方式，而宣传片与微博的排名较低，不建议使用此种方式宣传。具体数据见表 A.7。

表 A.7　市民更愿意看到的宣传方式

宣传方式	得分/分	排名
短视频平台	2.69	1
文化节	2.40	2
微信公众号	2.33	3
电视广告	2.26	4
直播平台	2.22	5
宣传片	2.17	6
微博	1.81	7
其他	1.34	8

3）营销模式选择分析

经调查得出，市民更愿意看到一个文化传播、体验娱乐相结合的张裕酒文化博物馆，选择这项的市民有 223 人，占 50.45%。其次是以体验娱乐为主的张裕酒文化博物馆，有 99 人，占 22.40%。由此可见，人们比较推崇营销模式为文化传播、体验娱乐相结合的张裕酒文化博物馆。后期张裕酒文化博物馆可以转换营销模式，结合现有文化传播手段，逐渐加入体验项目，转型为文化传播与体验娱乐相结合的张裕酒文化博物馆。而选择以购物为主和以游览为主的人数分别为 6 人和 41 人，仅占 1.36%和 9.28%，人数相对较少，不建议张裕酒文化博物馆采取此种营销模式。营销模式选择分布图见图 A.5。

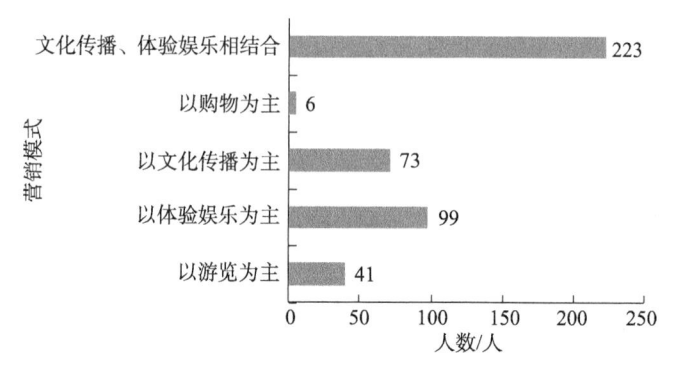

图 A.5　营销模式选择分布图

4）新推出服务期待值分析

在对市民做新型运营模式推出服务期待值的调查时，8 项指标的平均得分在 4 分左右，相对于总分 5 分比较高，说明大家对即将推出的项目期待值比较高。其中个性化旅游路线得分最高，平均值得分为 4.16 分；其次，市民对于酒庄、博物馆票价联合折扣与特色零食的期待值也比较高，平均得分均为 4.09 分；定制大桶酒与红酒浴得分最低，平均得分为 3.87 分和 3.88 分，相对较低。根据总体打分相较于总分 5 分而言，可以考虑推出新型服务，可着重考虑推出以下服务：个性化旅游路线，酒庄、博物馆票价联合折扣，特色零食，一对一酿酒，特色餐厅，大巴接送。具体见表 A.8。

表 A.8　新推出服务期待值打分表

项目	平均值/分	标准差/分	偏度	变异系数/%
酒庄、博物馆票价联合折扣	4.09	0.802	−0.794	19.61
大巴接送	4.05	0.834	−0.823	20.59
个性化旅游路线	4.16	0.777	−0.902	18.68
一对一酿酒	4.08	0.791	−0.516	19.39
定制大桶酒	3.87	0.818	−0.131	21.14
红酒浴	3.88	0.897	−0.565	23.12
特色餐厅	4.06	0.760	−0.372	18.72
特色零食	4.09	0.790	−0.573	19.32

上述指标中，各指标没有很大差异，其中红酒浴的标准差最大，标准差为 0.897 分，说明市民对于红酒浴的期待值差异最大；特色餐厅的标准差最小，标准差为 0.760 分，说明市民对于特色餐厅的期待值差异最小，二者相差 0.137 分。上述 8 项指标的偏度都小于 0，说明数据分布属于负偏，期待值分数比均值要高。例如，酒庄、博物馆票价联合折扣服务的偏度为−0.794，说明市民对于推出酒庄、博物馆票价联合折扣服务的期待值比均值要高，说明市民对推出酒庄、博物馆票价联合折扣服务的期待值比较高。特色餐厅服务偏度绝对值较小，期待值偏度为−0.372，说明市民更倾向期待推出特色餐厅服务。个性化旅游路线偏度绝对值最大，期待值偏度为−0.902，说明市民对于推出个性化旅游路线的期待值更高。

上述 8 项指标中，红酒浴的变异系数最大，变异系数为 23.12%，说明这项指标的变异程度最大；个性化旅游路线的变异系数最小，变异系数为 18.68%，说明这项指标的变异程度最小。

5）新推出项目期待值分析

在对于市民做新型运营模式推出体验项目期待值的调查中，期待值得分的平均值在 4.1 分左右，相对于总分 5 分比较高，说明市民对于即将新推出的项目期待值比较高。其中体验酿酒过程的得分平均值最高，得分为 4.19 分；其次大家对于 AR、VR 还原古/现代酿酒过程，体验葡萄培育/采摘，观光游览酒庄，品酒，参观地下大酒窖（百年桶王），品酒礼仪讲解与示范，多媒体动画展示葡萄酒知识期待值也比较高，期待值打分平均值都大于或等于 4.1 分。相比之下，葡萄酒大胃王，定制特色服装，制作/购买特色文化折扇，购买酿酒饮酒器具或葡萄酒，DIY 酒容器，酒杯刻名项目的得分比较低，都小于 4 分。综上所述可以重点推出期待值得分的平均值大于 4 分的项目，具体见表 A.9。

表 A.9 新推出项目期待值打分表

项目	平均值/分	标准差/分	偏度	变异系数/%
知识竞赛免门票	4.01	0.866	−0.700	21.60
葡萄酒小型入窖仪式	4.00	0.807	−0.715	20.18
葡萄酒大胃王	3.68	0.980	−0.614	26.63
AR、VR 还原古/现代酿酒过程	4.16	0.815	−0.846	19.59
定制特色服装	3.95	0.855	−0.482	21.65
制作/购买特色文化折扇	3.89	0.900	−0.701	23.14
购买酿酒饮酒器具或葡萄酒	3.88	0.864	−0.557	22.27
DIY 酒容器	3.98	0.843	−0.562	21.18
酒杯刻名	3.95	0.838	−0.576	21.22
体验葡萄培育/采摘	4.10	0.785	−0.671	19.15
体验酿酒过程	4.19	0.776	−0.891	18.52
观光游览酒庄	4.17	0.764	−0.757	18.32
品酒	4.14	0.738	−0.651	17.83
参观地下大酒窖（百年桶王）	4.17	0.765	−0.723	18.35
品酒礼仪讲解与示范	4.16	0.751	−0.631	18.05
多媒体动画展示葡萄酒知识	4.11	0.786	−0.614	19.12

上述指标中，各指标没有很大差异，其中葡萄酒大胃王的标准差最大，标准差为 0.980 分，说明市民对于葡萄酒大胃王的期待值差异最大。品酒的标准差最小，标准差为 0.738 分，说明市民对于品酒的期待值差异最小。上述 16 项指标的偏度都小于 0，说明数据分布属于负偏，市民对新推出项目的期待值的打分高于平均值。定制特色服装的偏度绝对值最小，偏度为−0.482，说明市民对定制特色

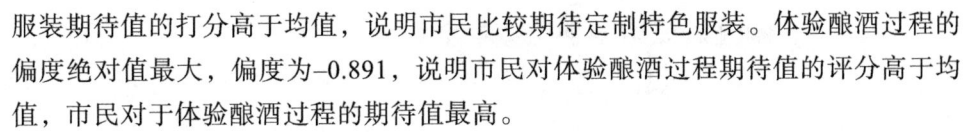

服装期待值的打分高于均值，说明市民比较期待定制特色服装。体验酿酒过程的偏度绝对值最大，偏度为–0.891，说明市民对体验酿酒过程期待值的评分高于均值，市民对于体验酿酒过程的期待值最高。

上述 16 项指标中，葡萄酒大胃王的变异系数最大，变异系数为 26.63%，说明这项指标的变异程度最大；品酒的变异系数最小，变异系数为 17.83%，说明这项指标的变异程度最小。

6）新推出宣传接受度分析

在新型运营模式宣传方式接受度的调查中，6 项指标接受度的平均值都在 4 分左右，相对于总分 5 分得分比较高，其中举办文化节的平均得分最高，得分为 4.15 分，其次是拍摄创意短视频与投放宣传片，其接受度的平均得分均为 4.01 分，可以着重考虑通过这三种宣传方式进行宣传，具体见表 A.10。

表 A.10　宣传方式接受度打分表

项目	平均值/分	标准差/分	偏度	变异系数/%
拍摄创意短视频	4.01	0.814	–0.771	20.30
投放宣传片	4.01	0.768	–0.690	19.15
知名博主直播宣传	3.74	0.903	–0.562	24.14
明星形象代言	3.75	0.911	–0.514	24.29
公众号文章推广	3.89	0.807	–0.648	20.75
举办文化节	4.15	0.795	–0.785	19.16

上述指标的标准差没有很大差异。6 项指标的偏度都小于 0，说明数据分布属于负偏，宣传方式接受度高于均值。明星形象代言的变异系数最高，变异系数为 24.29%，变异程度最大；投放宣传片的变异系数最小，变异系数为 19.15%，变异程度最小。

4. 工业旅游的发展能力分析

在关于市民是否愿意选择工业旅游的调查中，71.9% 的人表示愿意选择工业旅游，28.1% 的人表示不愿意选择工业旅游。大部分人愿意选择工业旅游，工业旅游市场相对可观。

对工业旅游发展前景的调查中，数据表明，认为工业旅游发展较快与发展迅速的人数分别为 137 人与 117 人，分别占总人数的 31.00% 与 26.47%。而认为工业旅游会被其他新型旅游代替与停滞不前的人数只有 57 人与 9 人，占总人数的 12.90% 与 2.04%，人数占比较少，即大部分人认为工业旅游的发展情况会比较好，市民对于工业旅游市场发展的看法比较乐观。具体的人数分布图见图 A.6。

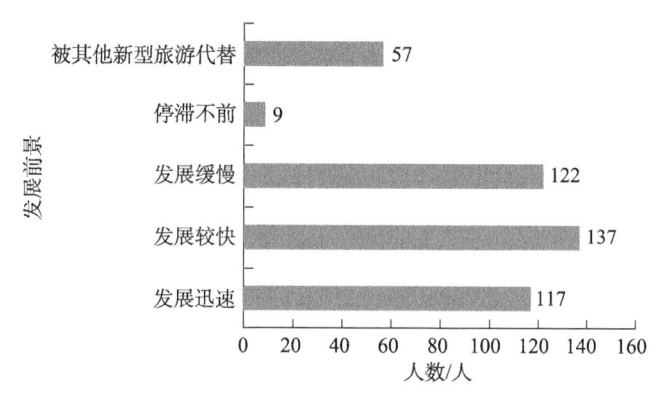

图 A.6　工业旅游发展前景认知人数分布图

(三) 张裕酒文化博物馆工业旅游发展的差异性分析

1. 不同性别条件下未来预测的差异性分析

由表 A.11 可知，性别不同对于工业旅游的选择倾向也不同，男生中愿意选择工业旅游的人数的占比为 77.5%，而女生中愿意选择工业旅游的人数的占比只有 67.4%，相比之下，男生更容易接受工业旅游。

表 A.11　工业旅游选择倾向统计表（一）

性别		是否会选择工业旅游		合计
		是	否	
男	人数/人	155	45	200
	占比/%	77.5	22.5	100
女	人数/人	163	79	242
	占比/%	67.4	32.6	100
合计	人数/人	318	124	442
	占比/%	71.9	28.1	100

在不同性别对于工业旅游发展前景的分析中，分析结果显示，女生中认为工业旅游会发展迅速与发展较快的人数占女生人数的 55.0%。男生中认为工业旅游将会发展迅速与发展较快的人数占男生人数的 60.5%。有 31.4% 的女生认为工业旅游会发展缓慢，在女生中居于首位。由此可以看出，男女生对于工业旅游的发展前景的看法有所不同，男生比女生更容易接受新型发展模式。具体数据见表 A.12。

表 A.12　工业旅游发展认知统计表（一）

性别		工业旅游发展前景					合计
		发展迅速	发展较快	发展缓慢	停滞不前	被其他新型旅游代替	
男	人数/人	60	61	46	7	26	200
	占比/%	30.0	30.5	23.0	3.5	13.0	100
女	人数/人	57	76	76	2	31	242
	占比/%	23.6	31.4	31.4	0.8	12.8	100
合计	人数/人	117	137	122	9	57	442
	占比/%	26.5	31.0	27.6	2.0	12.9	100

2. 不同居住地条件下未来预测的差异性分析

城镇居民中会选择工业旅游的占 74.3%，农村居民中愿意选择工业旅游的占 68.8%，相比之下，城镇居民更容易接受工业旅游，居住地不同，对于工业旅游的选择倾向也不同。具体数据见表 A.13。

表 A.13　工业旅游选择倾向统计表（二）

居住地		是否会选择工业旅游		合计
		是	否	
城镇	人数/人	188	65	253
	占比/%	74.3	25.7	100
农村	人数/人	130	59	189
	占比/%	68.8	31.2	100
合计	人数/人	318	124	442
	占比/%	71.9	28.1	100

城镇居民中认为工业旅游发展较快的占 31.2%，在城镇居民中居于首位。农村居民中认为工业旅游发展较快的占 30.7%，在农村居民中居于首位。由此可见，城镇居民更容易接受工业旅游，但两者差距不大。具体数据见表 A.14。

表 A.14　工业旅游发展认知统计表（二）

居住地		工业旅游发展前景					合计
		发展迅速	发展较快	发展缓慢	停滞不前	被其他新型旅游代替	
城镇	人数/人	71	79	73	3	27	253
	占比/%	28.1	31.2	28.9	1.2	10.7	100
农村	人数/人	46	58	49	6	30	189
	占比/%	24.3	30.7	25.9	3.2	15.9	100
合计	人数/人	117	137	122	9	57	442
	占比/%	26.5	31.0	27.6	2.0	12.9	100

七、综合分析

（一）因子分析

1. 满意度因子分析

在进行因子分析之前，需要采用 KMO 和 Bartlett 检验，判断该数据是否适合进行因子分析。

通过 KMO 和 Bartlett 检验（表 A.15），得到 KMO=0.911，P 值近似为 0，由此判断该数据可以进行因子分析。

表 A.15　KMO 和 Bartlett 检验（二）

取样足够度的 KMO 度量		0.911
Bartlett 的球形度检验	近似卡方	922.837
	自由度	28
	Sig.	0.000

通过解释的总方差（表 A.16）并结合碎石图（图 A.7）可以看出，当累计贡献率达到 80% 以上时，提取 2 个公因子比较合适。

表 A.16　解释的总方差（一）

成分	初始特征值 合计	方差贡献率/%	累计贡献率/%	提取平方和载入 合计	方差贡献率/%	累计贡献率/%	旋转平方和载入 合计	方差贡献率/%	累计贡献率/%
1	6.272	78.396	78.396	6.272	78.396	78.396	3.643	45.537	45.537
2	0.485	6.057	84.453	0.485	6.057	84.453	3.113	38.916	84.453
3	0.359	4.485	88.937						
4	0.294	3.674	92.611						
5	0.192	2.400	95.011						
6	0.174	2.176	97.188						
7	0.124	1.548	98.736						
8	0.101	1.264	100						

注：提取方法为主成分分析

图 A.7　碎石图（一）

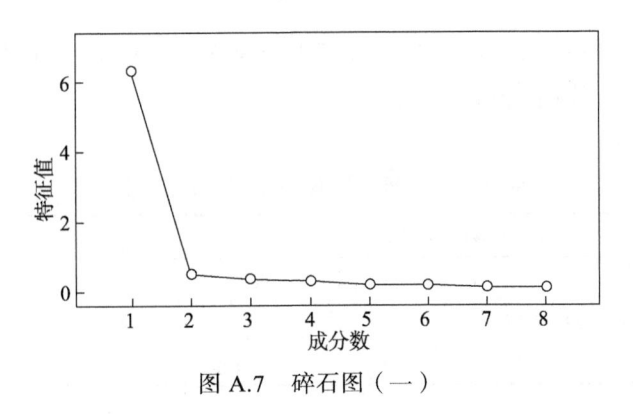

表 A.17 是旋转后的因子载荷矩阵，不同公因子的载荷相差比较明显，可以对公因子进行命名。因子 1 在产品购买（红酒、酒杯、面膜、香皂等）、品酒、地下大酒窖（百年桶王）、体验红酒装瓶、时空邮箱 5 个变量的载荷较大，可命名为"体验因子"；因子 2 在葡萄酒知识介绍、软木塞制作、历史发展介绍 3 个变量的载荷较大，可命名为"知识因子"。从这 2 个因子可以看出，张裕酒文化博物馆的项目满意度大致可以从体验型和知识型进行归类，从而可以用来解释张裕酒文化博物馆的现有项目满意度。

表 A.17　旋转成分矩阵 [a]（一）

项目	成分 1	成分 2
产品购买（红酒、酒杯、面膜、香皂等）	0.878	0.355
品酒	0.760	0.442
葡萄酒知识介绍	0.365	0.891
软木塞制作	0.475	0.794
地下大酒窖（百年桶王）	0.676	0.591
历史发展介绍	0.520	0.744
体验红酒装瓶	0.755	0.520
时空邮箱	0.798	0.441

注：提取方法为主成分分析，旋转法指具有 Kaiser 标准化的正交旋转法
a 表示旋转在 3 次迭代后收敛

$$Y_1 = 0.878X_1 + 0.760X_2 + 0.365X_3 + 0.475X_4 + 0.676X_5 + 0.520X_6 + 0.755X_7 + 0.798X_8$$

$$Y_2 = 0.355X_1 + 0.442X_2 + 0.891X_3 + 0.794X_4 + 0.591X_5 + 0.744X_6 + 0.520X_7 + 0.441X_8$$

2. 宣传方式因子分析

在进行因子分析之前，需要采用 KMO 和 Bartlett 检验，判断该数据是否适合进行因子分析。

通过 KMO 和 Bartlett 检验（表 A.18），KMO=0.874，P 值近似为 0，由此判断该数据可以进行因子分析。

表 A.18　KMO 和 Bartlett 检验（三）

取样足够度的 KMO 度量		0.874
Bartlett 的球形度检验	近似卡方	1381.409
	自由度	15
	Sig.	0.000

通过解释的总方差（表 A.19）并结合碎石图（图 A.8）可以看出，当累计贡献率达到 80% 以上时，提取 2 个公因子比较合适。

表 A.19　解释的总方差（二）

成分	初始特征值			提取平方和载入			旋转平方和载入		
	合计	方差贡献率/%	累计贡献率/%	合计	方差贡献率/%	累计贡献率/%	合计	方差贡献率/%	累计贡献率/%
1	4.097	68.283	68.283	4.097	68.283	68.283	2.655	44.244	44.244
2	0.768	12.802	81.085	0.768	12.802	81.085	2.210	36.841	81.085
3	0.339	5.657	86.742						
4	0.315	5.252	91.994						
5	0.254	4.235	96.229						
6	0.226	3.771	100						

注：提取方法为主成分分析

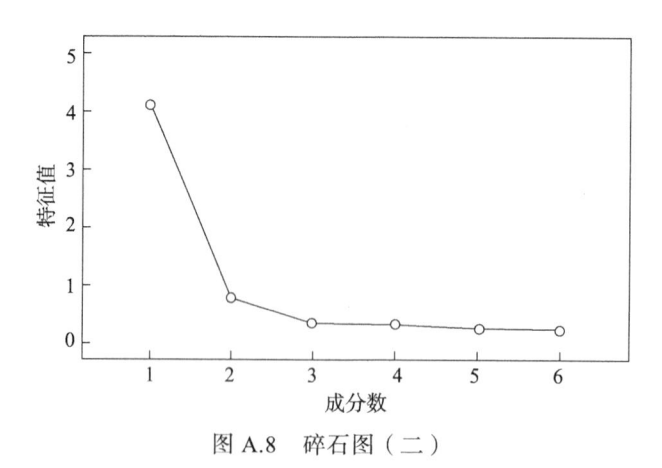

图 A.8　碎石图（二）

表 A.20 是旋转后的因子载荷矩阵，不同公因子的载荷相差比较明显，可以对公因子进行命名。因子 1 在拍摄创意短视频、投放宣传片、公众号文章推广、举办文化节 4 个变量的载荷较大，可命名为"平台宣传因子"；因子 2 在知名博主直播宣传、明星形象代言 2 个变量的载荷较大，可命名为"知名人士宣传因子"。从这 2 个因子可以看出，张裕酒文化博物馆的宣传方式大致可以从平台宣传和知名人士宣传进行归类。

表 A.20 旋转成分矩阵[a]（二）

项目	成分 1	成分 2
拍摄创意短视频	0.771	0.423
投放宣传片	0.821	0.384
知名博主直播宣传	0.327	0.864
明星形象代言	0.254	0.892
公众号文章推广	0.638	0.563
举办文化节	0.899	0.156

注：提取方法为主成分分析，旋转法指具有 Kaiser 标准化的正交旋转法
a 表示旋转在 3 次迭代后收敛

$Y_1 = 0.771X_1 + 0.821X_2 + 0.327X_3 + 0.254X_4 + 0.638X_5 + 0.899X_6$

$Y_2 = 0.423X_1 + 0.384X_2 + 0.864X_3 + 0.892X_4 + 0.563X_5 + 0.156X_6$

3. 新推出项目因子分析

在进行因子分析之前，需要采用 KMO 和 Bartlett 检验，判断该数据是否适合进行因子分析。

通过 KMO 和 Bartlett 检验（表 A.21），KMO=0.954，P 值近似为 0，由此判断该数据可以进行因子分析。

表 A.21 KMO 和 Bartlett 检验（四）

取样足够度的 KMO 度量		0.954
Bartlett 的球形度检验	近似卡方	5802.597
	自由度	120
	Sig.	0.000

通过解释的总方差（表 A.22）并结合碎石图（图 A.9）可以看出，当累计贡献率达到 80%以上时，提取 4 个公因子比较合适。

表 A.22　解释的总方差（三）

成分	初始特征值 合计	方差贡献率/%	累计贡献率/%	提取平方和载入 合计	方差贡献率/%	累计贡献率/%	旋转平方和载入 合计	方差贡献率/%	累计贡献率/%
1	10.751	67.196	67.196	10.751	67.196	67.196	5.347	33.420	33.420
2	1.175	7.342	74.538	1.175	7.342	74.538	3.767	23.547	56.967
3	0.581	3.632	78.170	0.581	3.632	78.170	2.435	15.218	72.184
4	0.565	3.530	81.700	0.565	3.530	81.700	1.522	9.516	81.700
5	0.488	3.048	84.748						
6	0.392	2.452	87.200						
7	0.332	2.072	89.272						
8	0.307	1.922	91.194						
9	0.262	1.639	92.833						
10	0.238	1.488	94.322						
11	0.204	1.274	95.595						
12	0.171	1.067	96.662						
13	0.150	0.940	97.602						
14	0.145	0.904	98.506						
15	0.129	0.809	99.315						
16	0.110	0.685	100						

注：提取方法为主成分分析

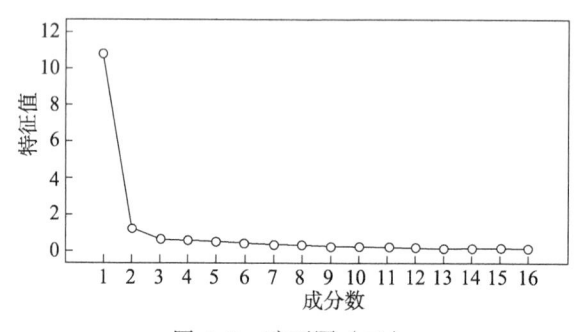

图 A.9　碎石图（三）

表 A.23 是旋转后的因子载荷矩阵，不同公因子的载荷相差比较明显，可以对公因子进行命名。因子 1 在体验葡萄培育/采摘、体验酿酒过程、观光游览酒庄、品酒、参观地下大酒窖（百年桶王）、品酒礼仪讲解与示范、多媒体动画展示葡萄酒知识 7 个变量的载荷较大，可命名为"酒知识因子"；因子 2 在定制特色服装、制作/购买特色文化折扇、购买酿酒饮酒器具或葡萄酒、DIY 酒容器、酒杯刻名 5 个变量的载荷较大，可命名为"特色制作因子"；因子 3 在知识竞赛免门票，葡萄酒小型入窖仪式，AR、VR 还原古/现代酿酒过程 3 个变量载荷较大，可命名为"科普因子";因子 4 在葡萄酒大胃王 1 个变量的载荷较大,可命名为"活动因子"。从这 4 个因子可以看出,张裕酒文化博物馆新推出的项目大致可以从酒知识、特色制作、科普和活动进行归类。

表 A.23　旋转成分矩阵 [a]（三）

项目	成分 1	成分 2	成分 3	成分 4
知识竞赛免门票	0.311	0.425	0.719	0.138
葡萄酒小型入窖仪式	0.417	0.374	0.624	0.359
葡萄酒大胃王	0.168	0.352	0.194	0.849
AR、VR 还原古/现代酿酒过程	0.499	0.290	0.700	0.167
定制特色服装	0.305	0.716	0.345	0.221
制作/购买特色文化折扇	0.283	0.829	0.279	0.171
购买酿酒饮酒器具或葡萄酒	0.365	0.717	0.241	0.297
DIY 酒容器	0.430	0.674	0.262	0.223
酒杯刻名	0.436	0.580	0.200	0.420
体验葡萄培育/采摘	0.757	0.254	0.360	0.274
体验酿酒过程	0.794	0.223	0.299	0.257
观光游览酒庄	0.721	0.326	0.436	0.083
品酒	0.788	0.264	0.186	0.262
参观地下大酒窖（百年桶王）	0.785	0.314	0.318	0.105
品酒礼仪讲解与示范	0.804	0.373	0.144	0.077
多媒体动画展示葡萄酒知识	0.715	0.453	0.269	0.010

注：提取方法为主成分分析，旋转法指具有 Kaiser 标准化的正交旋转法
a 表示旋转在 8 次迭代后收敛

$Y_1 = 0.311X_1 + 0.417X_2 + 0.168X_3 + 0.499X_4 + 0.305X_5 + 0.283X_6 + 0.365X_7 + 0.430X_8 + 0.436X_9 + 0.757X_{10} + 0.794X_{11} + 0.721X_{12} + 0.788X_{13} + 0.785X_{14} + 0.804X_{15} + 0.715X_{16}$

$Y_2 = 0.425X_1 + 0.374X_2 + 0.352X_3 + 0.290X_4 + 0.716X_5 + 0.829X_6 + 0.717X_7 + 0.674X_8 + 0.580X_9 + 0.254X_{10} + 0.223X_{11} + 0.326X_{12} + 0.264X_{13} + 0.314X_{14} + 0.373X_{15} + 0.453X_{16}$

$Y_3 = 0.719X_1 + 0.624X_2 + 0.194X_3 + 0.700X_4 + 0.345X_5 + 0.279X_6 + 0.241X_7 + 0.262X_8 + 0.200X_9 + 0.360X_{10} + 0.299X_{11} + 0.436X_{12} + 0.186X_{13} + 0.318X_{14} + 0.144X_{15} + 0.269X_{16}$

$Y_4 = 0.138X_1 + 0.359X_2 + 0.849X_3 + 0.167X_4 + 0.221X_5 + 0.171X_6 + 0.297X_7 + 0.223X_8 + 0.420X_9 + 0.274X_{10} + 0.257X_{11} + 0.083X_{12} + 0.262X_{13} + 0.105X_{14} + 0.077X_{15} + 0.010X_{16}$

4. 新推出服务因子分析

在进行因子分析之前，需要采用 KMO 和 Bartlett 检验，判断该数据是否适合进行因子分析。

通过 KMO 和 Bartlett 检验（表 A.24），KMO=0.914，P 值近似为 0，由此判断该数据可以进行因子分析。

表 A.24　KMO 和 Bartlett 检验（五）

取样足够度的 KMO 度量		0.914
Bartlett 的球形度检验	近似卡方	2397.568
	自由度	28
	Sig.	0.000

通过解释的总方差（表 A.25）并结合碎石图（图 A.10）可以看出，当累计贡献率达到 80% 以上时，提取 3 个公因子比较合适。

表 A.25　解释的总方差（五）

成分	初始特征值			提取平方和载入			旋转平方和载入		
	合计	方差贡献率/%	累计贡献率/%	合计	方差贡献率/%	累计贡献率/%	合计	方差贡献率/%	累计贡献率/%
1	5.690	71.125	71.125	5.690	71.125	71.125	2.695	33.694	33.694
2	0.619	7.742	78.867	0.619	7.742	78.867	2.099	26.241	59.934
3	0.500	6.253	85.120	0.500	6.253	85.120	2.015	25.186	85.120
4	0.323	4.031	89.151						
5	0.300	3.751	92.902						
6	0.248	3.105	96.007						
7	0.187	2.341	98.348						
8	0.132	1.652	100						

注：提取方法为主成分分析

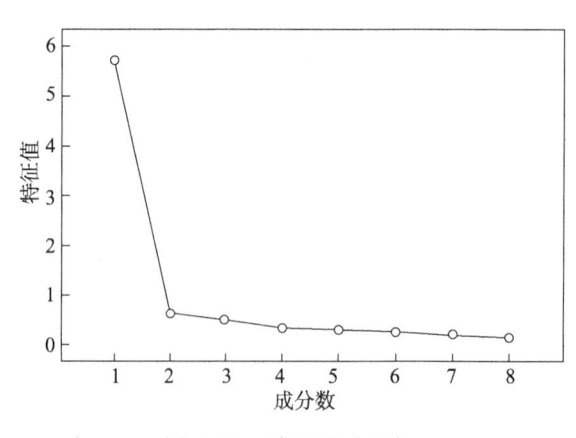

图 A.10　碎石图（四）

表 A.26 是旋转后的因子载荷矩阵，不同公因子的载荷相差比较明显，可以对公因子进行命名。因子 1 在酒庄、博物馆票价联合折扣，大巴接送，个性化旅游路线，一对一酿酒 4 个变量的载荷较大，可命名为"特色服务因子"；因子 2 在特色餐厅、特色零食 2 个变量的载荷较大，可命名为"餐饮因子"；因子 3 在定制大桶酒、红酒浴 2 个变量的载荷较大，可命名为"定制因子"。从这 3 个因子可以看出，张裕酒文化博物馆新推出的服务大致可以从特色服务、餐饮和定制进行归类。

表 A.26 旋转成分矩阵 [a]（四）

项目	成分 1	成分 2	成分 3
酒庄、博物馆票价联合折扣	0.777	0.231	0.363
大巴接送	0.790	0.333	0.306
个性化旅游路线	0.782	0.476	0.172
一对一酿酒	0.608	0.247	0.601
定制大桶酒	0.338	0.271	0.837
红酒浴	0.225	0.548	0.689
特色餐厅	0.336	0.816	0.374
特色零食	0.455	0.779	0.289

注：提取方法为主成分分析，旋转法指具有 Kaiser 标准化的正交旋转法
a 表示旋转在 8 次迭代后收敛

$Y_1 = 0.777X_1 + 0.790X_2 + 0.782X_3 + 0.608X_4 + 0.338X_5 + 0.225X_6 + 0.336X_7 + 0.455X_8$

$Y_2 = 0.231X_1 + 0.333X_2 + 0.476X_3 + 0.247X_4 + 0.271X_5 + 0.548X_6 + 0.816X_7 + 0.779X_8$

$Y_3 = 0.363X_1 + 0.306X_2 + 0.172X_3 + 0.601X_4 + 0.837X_5 + 0.689X_6 + 0.374X_7 + 0.289X_8$

（二）二元 logistic 模型的构建

二元 logistic 模型是解决当因变量是分类变量时，在回归研究中遇到的一 1 个或多个协变量的模型问题。

通过上面的描述性分析，本小组想更进一步了解宣传方式、体验项目和用户服务对工业旅游的影响程度，更好地区分不同的运营模式是否会影响选择参观张裕酒文化博物馆，探知工业旅游在市民中的市场，以便为张裕集团提出针对性的意见，为促进工业旅游发展助力。我们在 SPSS 中运用计量经济方法进行研究，建立了以宣传方式、体验项目和用户服务为自变量的二元 logistic 模型。

由表 A.27 可以看出，模型中各个变量的 P 值大体大于 0.05，所以都是不显著变量，因此得出该数据不适合做二元 logistic 模型。

表 A.27　方程组中的变量

		B	S.E.	Wals	df	Sig.	Exp (B)
步骤一	Q12_行 1	0.134	0.304	0.194	1	0.660	1.143
	Q12_行 2	−0.265	0.344	0.590	1	0.443	0.768
	Q12_行 3	−0.088	0.269	0.108	1	0.743	0.916
	Q12_行 4	−0.173	0.265	0.429	1	0.512	0.841
	Q12_行 5	0.614	0.314	3.816	1	0.051	1.848
	Q12_行 6	0.358	0.323	1.228	1	0.268	1.431
	Q13_行 1	−0.501	0.276	3.287	1	0.070	0.606
	Q13_行 2	−0.366	0.344	1.132	1	0.287	0.693
	Q13_行 3	0.196	0.215	0.834	1	0.361	1.217
	Q13_行 4	0.254	0.337	0.567	1	0.451	1.289
	Q13_行 5	0.654	0.305	4.595	1	0.032	1.923
	Q13_行 6	−0.282	0.319	0.786	1	0.375	0.754
	Q13_行 7	0.318	0.334	0.909	1	0.340	1.375
	Q13_行 8	−0.786	0.315	6.238	1	0.013	0.456
	Q13_行 9	0.670	0.349	3.696	1	0.055	1.955
	Q13_行 10	−0.321	0.433	0.550	1	0.458	0.725
	Q13_行 11	−0.389	0.396	0.962	1	0.327	0.678
	Q13_行 12	0.055	0.399	0.019	1	0.891	1.056
	Q13_行 13	0.474	0.384	1.523	1	0.217	1.606
	Q13_行 14	−0.492	0.372	1.751	1	0.186	0.611
	Q13_行 15	−0.083	0.402	0.043	1	0.836	0.920
	Q13_行 16	−0.397	0.343	1.344	1	0.246	0.672
	Q14_行 1	−0.157	0.287	0.298	1	0.585	0.855
	Q14_行 2	−.265	0.301	0.774	1	0.379	0.767
	Q14_行 3	0.052	0.355	0.021	1	0.884	1.053
	Q14_行 4	0.191	0.315	0.368	1	0.544	1.211
	Q14_行 5	−0.473	0.304	2.420	1	0.120	0.623
	Q14_行 6	−0.161	0.271	0.352	1	0.553	0.852
	Q14_行 7	0.633	0.422	2.251	1	0.134	1.884
	Q14_行 8	−0.195	0.392	0.248	1	0.619	0.823
	常量	2.116	0.850	6.203	1	0.013	8.302

八、结论与对策

"Follow Me 探究工业旅游新模式——基于张裕酒文化博物馆的调查"是本小组研究的课题，我们在烟台的工业旅游景点之一张裕酒文化博物馆的基础上，通过调查，从烟台市民、张裕酒文化博物馆、工业旅游三个方面得出以下结论和对策。

（一）结论

1. 对烟台市民来说

（1）有69%的烟台市民没有参观过张裕酒文化博物馆，这说明张裕酒文化博物馆并没有深入市民群体。

（2）73.30%的人表示希望可以在参观张裕酒文化博物馆过程中体验制酒过程，73.98%的人希望领略历史文化，市民对于去张裕酒文化博物馆旅游时的体验过程比较看重。

（3）在收集到的442份有效样本中，对张裕酒文化博物馆非常了解和了解的人只占14.48%，85.52%的人对张裕酒文化博物馆处于略有所知、不了解及听说过的状态。市民对张裕酒文化博物馆的了解度不够。

（4）市民更愿意接受的宣传方式为短视频平台宣传与举办文化节宣传，占所有宣传方式的前两位。

2. 对张裕酒文化博物馆来说

（1）去过张裕酒文化博物馆的市民对文化形象的满意度最高，满意度得分4.03分，对体验项目的满意度最低，满意度得分3.81分。张裕酒文化博物馆在文化形象方面表现较好，在体验项目方面还需提升。

（2）有55%的市民没有看到过张裕酒文化博物馆的宣传，只有45%的市民看到过宣传，张裕酒文化博物馆现有运营模式的宣传度不够。

（3）对张裕酒文化博物馆体验项目的满意度的打分中，得分最高的是参观地下大酒窖（百年桶王）和历史发展介绍，满意度得分分别为4.06分和4.04分，在文化形象方面做得也较好。软木塞制作、时空邮箱得分最低，分别为3.78分和3.85分，体验项目方面有待提高。

（4）去过张裕酒文化博物馆的市民中，57.1%的市民认为张裕酒文化博物馆缺乏餐饮服务，56.4%的市民认为张裕酒文化博物馆缺少休息区域，博物馆现有运营模式在这两方面存在缺陷，有待加强。

（5）在对新营销模式即将推出的服务调查中，其期待值打分都在4分左右，都可以考虑推出。其中个性化旅游路线平均得分4.16分；其次是酒庄、博物馆票价联合折扣与特色零食服务，均为4.09分；接下来是一对一酿酒、特色餐厅、大巴接送服务，分别为4.08分、4.06分、4.05分，上述项目可优先推出。

（6）在新营销模式准备推出的新体验项目中，其期待值打分都在4.1左右，都可以考虑推出。其中体验酿酒过程得分4.19分，得分最高；参观地下大酒窖（百年桶王）、观光游览酒庄、品酒礼仪讲解与示范得分分别为 4.17 分、4.17 分、4.16 分，得分相对较高。

（7）在新营销模式的宣传方式的接受度上，平均得分在 4 分左右，得分比较高，都可采用。其中举办文化节平均得分 4.15 分，得分最高；拍摄创意短视频、投放宣传片这两种宣传方式得分均为 4.01 分，并列居于第二，可以优先考虑这三种宣传方式。

（8）对于博物馆发展，通过因子分析得出，张裕酒文化博物馆的宣传需要平台宣传和知名人士宣传两方面宣传；张裕酒文化博物馆新推出的项目从酒知识、特色制作、科普和活动四方面推出；张裕酒文化博物馆新推出的服务从特色服务、餐饮和定制三方面推出。

（9）综合分析，张裕酒文化博物馆的新型运营模式应将现在的文化营销模式转型为文化营销与体验式营销相结合的营销方式，再辅以网络营销，三管齐下，促进张裕酒文化博物馆运营模式的转型。

3. 对工业旅游来说

（1）调查中，50.45%的人表示更愿意看到一种文化传播和体验娱乐相结合的营销模式，其居营销模式第一位；只有 1.36%的人表示愿意接受以购物为主的营销模式，其居营销模式最后一位。因此工业旅游应选择文化传播和体验娱乐相结合的营销模式。

（2）在工业旅游的发展能力分析中，71.9%的人表示愿意选择工业旅游，31.00%的人认为工业旅游会发展较快，26.47%的人认为工业旅游会发展迅速，大部分人看好工业旅游。

（3）调查显示，近 60%的游客认为工业旅游过程中体验感不足，并且存在休息区域、餐饮服务缺少等服务缺陷，游客希望在工业旅游过程中能有更多的体验感。同时，工业旅游宣传度不够，游客更容易接受平台形式的宣传。

（4）综合得出，政府、企业等相关部门要抓住新时代旅游模式发展的机遇，为工业旅游的发展提供切实可行的对策。

（二）对策

1. 对烟台市民来说

（1）学会从工业旅游中了解历史文物，了解历史的发展、变迁，亲身感受历史文化的传承，在追求体验感的同时增加文化素养。

（2）参观本地区具有代表性的工业旅游区，不仅可以开阔眼界，也可以提高文化素养、领略历史文化。

（3）多了解工业旅游产业的工业原理，不仅可以增加企业知识，而且可以增加社会技能。

（4）尝试不同的旅游选择，不只是热门景点，还有更具特色的工业旅游景点，根据自己的兴趣爱好，树立正确的消费、旅游观，领略不同的旅游体验。

2. 对张裕酒文化博物馆来说

（1）张裕酒文化博物馆应该深入市民群体，加大宣传力度，采用线上平台进行宣传，如拍摄短视频、宣传片进行宣传，同时线下采取举办文化节的形式进行宣传，增加在市民中的知名度。

（2）张裕酒文化博物馆应该增加博物馆与酒庄的联合活动，推出票价联合打折活动，为顾客定制个性化旅游路线，以及特色零食、餐厅和一对一教授酿酒等顾客期待值高的服务项目。

（3）张裕酒文化博物馆应完善顾客认为不足的服务，增加休息区域，提供餐饮等。

（4）张裕酒文化博物馆应采取文化传播、体验娱乐相结合的营销模式，建议减少顾客游玩过程中的产品推销。

（5）张裕酒文化博物馆应在已有的体验项目的基础上多推出体验酿酒过程，AR、VR还原古/现代酿酒过程，观光游览酒庄，多媒体动画展示葡萄酒知识和体验葡萄培育/采摘过程等体验感强的、顾客期待值比较高的项目。

（6）张裕酒文化博物馆应保持并进一步完善自己的文化形象，再加以能够增加顾客体验感的项目，进而打开更大的市场。在现有的基础上根据发展潮流进行改革创新，创造更具自身特色、时代特色的工业旅游项目。

3. 对工业旅游来说

（1）学会创新，在传统旅游营销模式中加入新颖元素，建立自身特点，发挥自身优势，在众多旅游形式中树立自身特点，突出重围。

（2）完善行业标准，全面推广工业旅游示范点建设规范服务标准。提升工作人员的服务意识以及专业能力，使顾客在工业旅游过程中感受到贴心服务。

（3）每个企业要有自己的文化形象，从而进行差异化竞争，推动工业旅游的发展，创建我国特有的文化产权。

（4）增加工业旅游中的体验感，不同的企业可以根据自身优点，创造独有的体验活动，拉近与游客、消费者的距离。

（5）各个企业可以通过办文化节、制作短视频宣传片，利用各大网络媒体以及电视等进行宣传，提高产品曝光率，从而进行更好的产品销售和企业运营。

（6）增加科技创新，提高游客的满意度，提高其对企业的认同度以及忠诚度。

附录1　调查方案

（一）调查背景

工业旅游随着旅游业的持续发展已在全球得到普遍重视，并发展迅速逐步成为旅游产业中的一个极具活力的"增长点"。自2017年11月1日山东省烟台张裕葡萄酒文化旅游区入选首批"中国国家工业旅游基地"且位列第一，国家旅游局宣布到2020年前，我国将培育100家国家工业旅游示范基地和国家工业遗产旅游基地，带动引领全国工业旅游大发展。国家旅游局2017年12月发布了《国家工业旅游示范基地规范与评价》标准。标准明确，国家工业旅游示范基地代表国内工业旅游发展最高水平，对全国工业旅游发展具有较强示范引领作用；国家工业遗产旅游基地要求对工业遗产进行有效的保护、传承与发展，对全国工业遗产旅游具有较强示范引领作用。工业旅游正在成为经济发展的新引擎。

（二）调查目的

在我国旅游业快速发展的同时工业旅游仍存在区域分布不合理、产品单一、发展思路缺少规划等诸多制约工业旅游发展的问题，为促进工业旅游快速发展，我们从工业旅游运营模式入手，探究工业旅游的现有运营模式，寻找现有运营模式的优点及存在的弊端，了解游客的接受程度及偏好，由此找出适合工业旅游发展的运营模式并推广，达到最终推动工业旅游发展，帮助企业实现品牌竞争，提升综合收益，同时促进政府、游客和社区居民等多方受益，形成多赢格局的目标。

（三）调查对象

调查对象为烟台市常住市民，调查单位为自愿填写问卷的每一位烟台市常住市民。

（四）调查内容

根据调查目的，调查内容主要围绕以下几个方面：工业旅游满意度调查，工业旅游运营模式缺陷调查，工业旅游运营模式优势调查，工业旅游发展前景调查。具体采用结构化问卷的形式，问卷包括现有营销模式部分、新推出营销模式部分、工业旅游发展前景部分、背景部分。

（1）现状部分：由于本次工业旅游的调查以张裕酒文化博物馆为基础，所以把目前参观过张裕酒文化博物馆的烟台市常住居民作为筛选对象。

（2）主体部分从以下四个方面进行设计：第一，了解被调查者对张裕酒文化博物馆的满意度；第二，了解张裕酒文化博物馆现有营销模式的缺陷；第三，了解被调查者对工业旅游新推出的营销模式的接受度；第四，了解被调查者对工业旅游发展前景的看法。

（3）背景部分：包括性别、年龄、居住地、月收入、旅游消费支出和职业，在收入这一敏感问题上选择较大的区间段，降低问题的敏感程度，进而保证回答率。

（五）抽样设计

1. 设计原则

（1）科学性原则。整体方案采用自愿抽样的方式，要求样本对烟台市民具有代表性。

（2）效率原则。抽样方案必须保证有较高的效率，即在样本量相同的条件下，方案设计应使调查精度尽可能高。

（3）可操作性原则。方案必须有较强的可操作性，不仅便于具体抽样的实施，也便于后期的数据处理。

2. 抽样方法的选择

考虑到疫情期间，不可能获取烟台市民的所有信息，因此不能采用严格的概率抽样，所以本次抽样采取非概率抽样中的自愿抽样。

3. 样本量的确定

1）预试样本

为了对调查问卷的勘用程度进行监测，在正式调查之前，进行了预试调查。预试样本主要用来对问卷进行项目分析以及信、效度检验；根据分析和检验结果对问卷进行必要的修订，进而制定出正式的调查问卷。本次的预试样本收集了100份，以进行问卷结构的分析。

2）确定必要的样本量

为了确保本次调查的代表性，在考虑男女比例等因素的前提下，本次调查采用总体比例估计方法，即样本量的确定为：$n = \dfrac{E_{\alpha/2}^2 \pi(1-\pi)}{E^2}$，其中 $E_{\alpha/2}$ 为标准正态统计量的 $\alpha/2$ 分位数，E 为边际误差，π 为总体比例。由于总体比例未知，所以采用使得总体方差达到最大的比例 $\pi = 1/2$ 来确定一个最保守的样本量。

在满足95%的置信水平的条件下，允许误差不超过5%，即边际误差 $E = 5\%$。按照公式 $n = \dfrac{E_{\alpha/2}^2 \pi(1-\pi)}{E^2}$，当置信水平为95%时，对应地 $E = 1.96$，故 $n = \dfrac{1.96^2 \times 0.5 \times (1-0.5)}{0.05^2} = 384.16 \approx 384$。

考虑到问卷的真实性、有效性以及准确性，要对回收的问卷进行筛选，剔除出现乱答、错答等现象的无效问卷，因此根据以往经验，回收问卷的有效率在90%，所以最终确定的样本量 $n = 385/0.9 \approx 428$。考虑到是网上调查，样本量应该最少为428，如果有条件，应尽可能地多一点。

（六）调查组织

1. 调查前的注意事项

为防止被调查者出现专业名词概念模糊的情况，我们详细解释了其中专业名词的定义，并邀请统计学老师对我们的问卷做了订正。

2. 调查方法

因疫情缘故，为了方便调查，缩短调查的时间和提高问卷的回收率，我们采用网络调查的方式，即通过问卷星，利用各网络平台进行问卷发放，调查者自愿参与填写。

3. 调查时间安排

调查时间明细表如附表 A.1 所示。

附表 A.1　调查时间明细表

时间	内容
2020 年 5 月 12 日～2020 年 5 月 19 日	查文献，写综述
2020 年 5 月 20 日～2020 年 5 月 25 日	设计方案及问卷
2020 年 5 月 26 日～2020 年 6 月 1 日	发放问卷，收集数据
2020 年 6 月 2 日～2020 年 6 月 8 日	数据审核、录入、分析
2020 年 6 月 9 日～2020 年 6 月 15 日	撰写报告
2020 年 6 月 16 日	提交报告

4. 调查实施

为保证调查的质量，要求每位组员以饱满的热情和高度的责任心投入到本次调查工作中，认真做好每一位受访者的访问。

（七）数据处理

1. 数据审核

（1）数据的准确性。查看问卷填写所用时间，如果时间太短，可能属于没看题目的乱答现象，应该剔除样本。

（2）数据的合理性。问题间要符合逻辑关系、结构关系等，若有不符合的样本，应该剔除。

2. 问卷编码

考虑到问卷星自身数据录入的缺陷性，为了后续能够更好且更有效地进行数据分析，对通过数据审核筛选后的样本进行问卷重新编码。

（1）问卷编号采用三位数编码，从001开始。

（2）对问卷题号按主体部分和背景部分用 $Q_{A\sim C}$+题号和 Q_D+题号的形式进行编码。

（3）数据录入时，按照问题选项类型（单选、多选或者排序等），分别采用约定俗成的编码规则进行编码。

3. 数据录入

根据既定的编码方案，将数据录入 Excel 和 SPSS21.0。

4. 数据分析

所用数据分析软件为 SPSS21.0 和 Excel。具体从以下四个方面进行分析。

（1）调查样本结构分析。

（2）一般性分析。采用描述统计方法，如均值、方差等描述统计量进行分析。

（3）差异性分析。采用交叉列联表等方式进行分析。

（4）综合分析。采用因子分析和二元 logistic 分析的方法进行综合分析。

（八）项目经费预算

项目经费预算表如附表 A.2 所示。

附表 A.2　项目经费预算表

序号	项目	预算金额/元	备注
1	项目实地调研费	500	
2	方案及问卷设计	500	
3	调查人员车旅费	240	
4	调查人员就餐费	160	
5	调查人员劳务费	1500	
6	其他支出	500	
	合计	3400	

附录2 调查问卷

问卷编号：_____

亲爱的朋友：

您好！我们是调研小组的访员。为了探究工业旅游的普及度、满意度，工业旅游运营模式的缺陷与优势，以及工业旅游市场的发展能力，我们开展了这次问卷调查。您的填写对我们很重要，请您根据自身情况如实填写，资料内容我们将完全保密。（工业旅游是以品牌文化、厂区环境、高新技术、生产流程等文化、技术和物资要素为资源的复合创新型旅游。）

填写说明：无特殊说明均为单选，可直接在答案处画"√"

A. 现有营销模式调查

Q_{A1}、您是否是烟台市民
①是
②否（结束问卷）

Q_{A2}、您对张裕酒文化博物馆的了解程度
①非常了解
②了解
③略有所知
④听说过
⑤不了解

Q_{A3}、您是否参观过张裕酒文化博物馆
①是
②否（跳转到第Q_{A7}题）

Q_{A4}、请您对张裕酒文化博物馆的满意程度进行评价，填写下表（请在相应的数字上画"√"）

具体项目	满意程度				
	非常高				非常低
服务态度	5	4	3	2	1
环境卫生	5	4	3	2	1
基础设施	5	4	3	2	1
体验项目	5	4	3	2	1
专业素养	5	4	3	2	1
文化形象	5	4	3	2	1

Q_{A5}、请您对张裕酒文化博物馆现有具体项目的满意程度进行评价，填写下表（请在相应的数字上画"√"）

具体项目	满意程度 非常高				非常低
产品购买（红酒、酒杯、面膜、香皂等）	5	4	3	2	1
品酒	5	4	3	2	1
葡萄酒知识介绍	5	4	3	2	1
软木塞制作	5	4	3	2	1
地下大酒窖（百年桶王）	5	4	3	2	1
历史发展介绍	5	4	3	2	1
体验红酒装瓶	5	4	3	2	1
时空邮箱	5	4	3	2	1

Q_{A6}、您认为张裕酒文化博物馆存在不足的顾客服务有（多选）
①引领服务
②讲解服务
③餐饮服务
④游览导图
⑤休息区域缺少
⑥其他（请注明）_____

Q_{A7}、您是否看到过有关张裕酒文化博物馆的宣传
②
②否（跳转到第Q_{A8}题）

Q_{A8}、您看到过的宣传张裕酒文化博物馆的媒介（多选）
①短视频平台（抖音、快手等）
②文化节
③直播平台
④微信公众号
⑤电视广告
⑥宣传片
⑦微博
⑧其他（请注明）_____

Q_{A9}、您最愿意接受的宣传方式首先是_____，其次是_____，最后是_____
①短视频平台（抖音、快手等）

②文化节
③直播平台
④微信公众号
⑤电视广告
⑥宣传片
⑦微博
⑧其他（请注明）_____

Q_{A10}、若您去张裕游览，是否会购买葡萄酒
①是
②否

Q_{A11}、您更愿意看到一个什么样的张裕酒文化博物馆
①以游览为主
②以体验娱乐为主
③以文化传播为主
④以购物为主
⑤文化传播、体验娱乐相结合

Q_{A12}、您希望通过参观张裕酒文化博物馆得到什么（多选）
①提高个人素质
②领略历史文化
③体验制酒过程
④体验葡萄培育采摘过程
⑤开阔眼界
⑥其他（请注明）_____

B. 新型营销模式

Q_{B1}、请您对我们将推出的张裕酒文化博物馆的宣传方式的接受程度进行评价，填写下表（请在相应的数字上画"√"）

宣传方式	接受程度 非常高				非常低
拍摄创意短视频	5	4	3	2	1
投放宣传片	5	4	3	2	1
知名博主直播宣传	5	4	3	2	1
明星形象代言	5	4	3	2	1
公众号文章推广	5	4	3	2	1
举办文化节	5	4	3	2	1

Q_{B2}、请您对张裕酒文化博物馆的新项目的接受程度进行评价，填写下表（请在相应的数字上画"√"）

主要项目	接受程度 非常高 → 非常低				
知识竞赛免门票	5	4	3	2	1
葡萄酒小型入窖仪式	5	4	3	2	1
葡萄酒大胃王	5	4	3	2	1
AR、VR 还原古/现代酿酒过程	5	4	3	2	1
定制特色服装	5	4	3	2	1
制作/购买特色文化折扇	5	4	3	2	1
购买酿酒饮酒器具或葡萄酒	5	4	3	2	1
DIY 酒容器	5	4	3	2	1
酒杯刻名	5	4	3	2	1
体验葡萄培育/采摘	5	4	3	2	1
体验酿酒过程	5	4	3	2	1
观光游览酒庄	5	4	3	2	1
品酒	5	4	3	2	1
参观地下大酒窖（百年桶王）	5	4	3	2	1
品酒礼仪讲解与示范	5	4	3	2	1
多媒体动画展示葡萄酒知识	5	4	3	2	1

Q_{B3}、请您对张裕酒文化博物馆将推出的项目进行期望值打分，填写下表（请在相应的数字上画"√"）

将推出的项目	期望值 非常高 → 非常低				
酒庄、博物馆票价联合折扣	5	4	3	2	1
大巴接送	5	4	3	2	1
个性化旅游路线	5	4	3	2	1
一对一酿酒	5	4	3	2	1
定制大桶酒	5	4	3	2	1
红酒浴	5	4	3	2	1
特色餐厅	5	4	3	2	1
特色零食	5	4	3	2	1

C. 工业旅游发展前景

Q_{C1}、您是否愿意选择工业旅游
① 是
② 否

Q_{C2}、您认为工业旅游的发展前景是

①发展迅速

②发展较快

③发展缓慢

④停滞不前

⑤被其他新型旅游代替

D. 受访者基本信息

Q_{D1}、您的性别是

①男

②女

Q_{D2}、您的年龄是

①18 岁以下

②18~25 岁

③25~40 岁

④40~55 岁

⑤55 岁及以上

Q_{D3}、您的月收入是

①3000 元以下

②3000~6000 元

③6000~10 000 元

④10 000 元及以上

Q_{D4}、您每年的旅游消费支出是

①500 元以下

②500~1000 元

③1000~2000 元

④2000~3000 元

⑤3000 元及以上

Q_{D5}、您的居住地是

①城镇

②农村

Q_{D6}、您的职业是＿＿＿＿＿＿＿＿＿＿＿＿＿＿＿＿

主要参考文献

包玉存. 2017. 柴达木循环工业园区工业旅游模式的探究[J]. 化工管理, (31): 6.
龚志强, 唐雨帆, 别思琦. 2020. 白酒工业旅游发展路径研究——以江西李渡酒业为例[J]. 老区建设, (4): 34-38.
马玉龙. 2016. 工业旅游与企业发展[J]. 中国工业评论, (12): 105-107.
沈世伟, 许静娜, 黄晓岑. 2016. 法国葡萄酒旅游发展的经验与启示[J]. 宁波大学学报(人文科学版), 29(3): 95-99.
苏维欢, 郭晓东. 2017. 工业旅游体验营销、科技创新感知与企业品牌形象[J]. 吉首大学学报(社会科学版), 38(S2): 15-18.
孙丽坤. 2016. 方兴未艾的中国葡萄酒庄旅游[J]. 大连民族大学学报, 18(2): 130-133.
王国华. 2019. 论推进工业旅游产业发展的理念、路径与措施[J]. 北京联合大学学报(人文社会科学版), 17(1): 47-54.
吴相利. 2002. 英国工业旅游发展的基本特征与经验启示[J]. 世界地理研究, 11(4): 73-79.
吴杨. 2016. 上海工业旅游发展的动力机制与模式研究[D]. 上海: 华东师范大学.
闫文波. 2016. 张裕巴保男爵酒庄旅游开发战略研究[D]. 石河子: 石河子大学.
杨俊铭, 徐欣瑜, 史芳铭, 等. 2020. 葡萄酒旅游产业体验效果探析[J]. 现代农业科技, (5): 252-253.
杨丽斌, 曹诗图. 2016. 基于深度旅游理念的白酒工业旅游开发策略研究——以白云边酒业集团为例[J]. 湖北文理学院学报, 37(11): 39-43, 48.
赵馨. 2016. 张裕烟台旅游工业园建筑设计研究[D]. 北京: 北京建筑大学.
钟玉婷, 罗铱涵, 范明钰, 等. 2019. 古田红曲酒厂工业旅游营销对策研究——以屏湖红生物科技有限公司为例[J]. 现代农业研究, (2): 8-9, 11.
邹定霞. 2017. 人文地理学视角下工业旅游的文化建构[A]. 香港: 东南冶金矿产(香港)有限公司.

案例 B　中国国际旅游收入的趋势及影响因素分析

一、教学目的

一方面，使学生通过本案例掌握时间序列分析的基本思路和方法，综合运用移动平均法、指数平滑法、趋势模型法、季节变动测定法对时间序列数据进行处理和分析；另一方面，熟悉一元线性回归和多元线性回归的方法和步骤。

二、案例背景

随着我国社会主义市场经济的建立，旅游业作为中国经济的一个重要产业部门迅速兴起，逐渐成为国民经济新的增长点，在促进社会经济增长中发挥了巨大的作用。特别地，近年来中国日益成为国际旅游的目的地，接待来自世界各地的游客，这使我国的国际旅游收入逐年增加，成为旅游收入的重要组成部分，为我国的经济发展提供了重要的资金支持，提升了旅游区居民的生活水平，并通过加强基础设施建设，推动了总体经济的增长。研究国际旅游收入的发展趋势及影响因素，有助于把握国际旅游业的发展动态和探讨国际旅游业进一步发展的措施。本案例关注两个方面：一是对国际旅游总收入进行时间序列分析，从而准确预测未来的国际旅游收入水平；二是对国际旅游收入进行回归分析，从而识别国际旅游总收入的影响因素。

三、数据来源

国际旅游总收入趋势分析所用数据由搜数网和中国研究数据服务平台（Chinese Research Data Services Platform，CNRDS）中各月的国际旅游收入数据整理而得。各月份的国际旅游收入数据，从 1999 年 1 月到 2017 年 12 月，共 19 年 228 个月，包括国际旅游总收入和来自港澳同胞、台湾同胞、华侨、外国人的国际旅游收入。部分数据如表 B.1 所示。

表 B.1　1999～2017 年各月份国际旅游收入数据　单位：亿美元

年份	月份	总计	外国人	华侨	港澳同胞	台湾同胞
1999	1	9.771	3.604	0.092	4.593	1.483
	2	9.818	3.405	0.089	4.779	1.545
	3	11.051	4.796	0.097	4.470	1.687
	4	12.430	5.001	0.087	5.251	2.091
	5	11.683	5.038	0.084	4.638	1.922
	6	11.441	4.811	0.087	4.724	1.819
⋮	⋮	⋮	⋮	⋮	⋮	⋮

续表

年份	月份	总计	外国人	华侨	港澳同胞	台湾同胞
2017	7	100.930	55.310	24.380	6.960	14.290
	8	100.080	56.820	23.210	6.440	13.610
	9	103.960	59.090	25.920	7.040	11.910
	10	113.470	66.240	25.590	7.170	14.470
	11	105.400	60.690	25.440	6.220	13.050
	12	107.400	59.190	28.260	7.980	11.970

注：完整数据见附表 B

国际旅游总收入影响因素分析中所用数据为 1999 年至 2019 年的年度数据，包括国际旅游总收入、支出法 GDP-最终消费、人均 GDP、城镇居民家庭人均可支配收入、100 美元兑换人民币、进出口、入境过夜游客数、民航航线里程、铁路总里程、旅行社总数、星级饭店总数。数据来源于各年《中国统计年鉴》《中国统计摘要》《中国金融年鉴》《海关统计》《中国汽车工业年鉴》《中国财政年鉴》《中国贸易外经统计年鉴》《中国航运发展报告》，具体数据如表 B.2 所示。

表 B.2 国际旅游总收入及其影响因素

年份	国际旅游总收入/亿美元	支出法GDP-最终消费/亿元	人均GDP/元	城镇居民家庭人均可支配收入/元	100美元兑换人民币/元	进出口/亿元	入境过夜游客数/万人次	民航航线里程/万公里	铁路总里程/万公里	旅行社总数/个	星级饭店总数/个
1999	141.0	56 667.3	7 229.3	5 838.9	827.8	29 896.2	2 704.7	152.2	6.7	7 326	7 035
2000	162.2	63 748.9	7 942.1	6 255.7	827.8	39 273.3	3 122.9	150.3	6.9	8 993	6 029
2001	177.9	68 661.1	8 716.7	6 824.0	827.7	42 183.6	3 316.7	155.4	7.0	10 532	7 358
2002	203.9	74 227.5	9 506.7	7 652.8	827.7	51 378.2	3 680.3	163.8	7.2	11 552	8 880
2003	174.1	79 735.0	10 666.1	8 405.5	827.7	70 483.5	3 297.1	175.0	7.3	13 361	9 751
2004	257.4	89 394.4	12 486.9	9 334.8	827.7	95 539.1	4 176.1	204.9	7.4	14 927	10 888
2005	293.0	101 872.5	14 368.0	10 382.3	819.2	116 921.8	4 680.9	199.9	7.5	16 245	11 828
2006	339.5	115 364.3	16 738.0	11 619.7	797.2	140 974.7	4 991.3	211.4	7.7	17 957	12 751
2007	419.2	137 737.1	20 494.4	13 602.5	760.4	166 924.1	5 472.0	234.3	7.8	18 943	13 583
2008	408.4	158 899.2	24 100.2	15 549.4	694.5	179 921.5	5 304.9	246.2	8.0	20 110	14 099
2009	396.8	174 538.6	26 179.5	16 900.5	683.1	150 648.1	5 087.5	234.5	8.6	20 399	14 237
2010	458.1	201 581.4	30 807.9	18 779.1	677.0	201 722.3	5 566.5	276.5	9.1	22 784	13 991

续表

年份	国际旅游总收入/亿美元	支出法GDP-最终消费/亿元	人均GDP/元	城镇居民家庭人均可支配收入/元	100美元兑换人民币/元	进出口/亿元	入境过夜游客数/万人次	民航航线里程/万公里	铁路总里程/万公里	旅行社总数/个	星级饭店总数/个
2011	484.6	244 747.4	36 277.1	21 426.9	645.9	236 402.0	5 758.1	349.1	9.3	23 690	13 513
2012	500.3	275 443.9	39 771.4	24 126.7	631.3	244 160.2	5 772.5	328.0	9.8	24 944	12 807
2013	516.6	306 663.7	43 496.6	26 467.0	619.3	258 168.9	5 568.6	410.6	10.3	26 054	13 293
2014	1 053.8	338 031.2	46 911.7	28 843.9	614.3	264 241.8	5 562.2	463.7	11.2	26 650	12 803
2015	1 136.5	371 920.7	49 922.3	31 194.8	622.8	245 502.9	5 688.6	531.7	12.1	27 621	12 327
2016	1 200.0	410 806.4	53 783.0	33 616.3	664.2	243 386.5	5 926.7	634.8	12.4	27 939	11 685
2017	1 234.2	456 518.2	59 592.3	36 396.2	675.2	278 099.2	6 073.8	748.3	12.7	29 717	9 566
2018	1 271.0	506 134.9	65 533.7	39 250.8	661.7	305 008.1	6 289.6	838.0	13.2	37 309	8 962
2019	1 312.5	552 631.7	70 078.0	42 358.8	689.9	315 627.3	6 572.5	948.2	14.0	38 943	10 130

四、数据分析

（一）国际旅游收入的趋势分析

先绘制各种国际旅游收入的线图，认识各个序列的变化特征；再以国际旅游总收入为基础数据，系统地进行时间序列分析。

1. 绘制时间序列趋势线图，识别各种变动因素

首先，观察各种国际旅游收入线图的长期趋势。由图 B.1 可见，自 1999 年开始，国际旅游总收入呈现出逐年上涨的趋势，2015 年 1 月发生了一次跳跃式增长。来自外国人的国际旅游总收入占国际旅游总收入的大部分，其变化特征与国际旅游总收入非常相似。来自华侨的国际旅游收入在 2000 年以前一直保持在极低的水平，仅有几百万美元，2001 年发生了一次跳跃式增长，增长到 3 亿多美元，之后曲线始终比较平稳，直到 2015 年 1 月由 10 亿美元猛增到 25 亿美元。来自港澳同胞的国际旅游收入，2000 年以前一直在 4 亿~5 亿美元，2001 年 1 月明显下滑至 1.5 亿美元，然后在此基础上缓慢增长，直到 2015 年 1 月由 3 亿美元猛增到 6 亿美元。其中，2001 年来自华侨和港澳同胞的国际旅游收入的一升一降的变化值得关注。相对来讲，来自台湾同胞的国际旅游收入，始终维持在一个比较平稳的水平，缓慢增长。

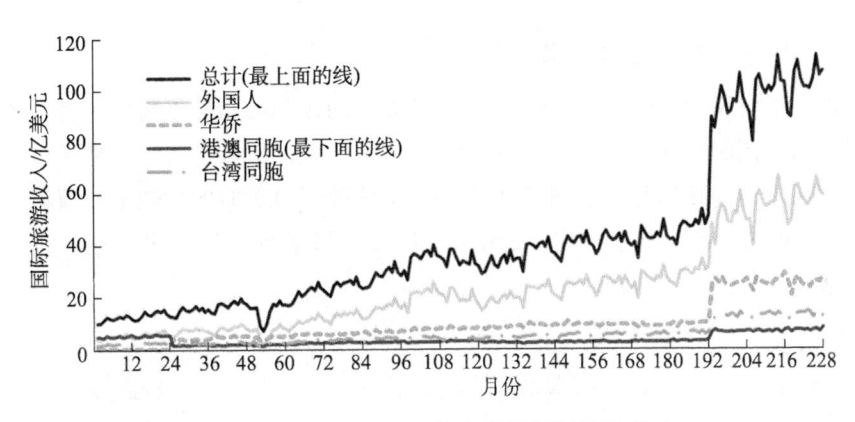

图 B.1　1999~2017年各月份国际旅游收入

其次，观察各种国际旅游收入线图中的季节变动。不论哪种国际旅游收入数据，都呈现出明显的季节变动，预测时需要测度出来。

最后，观察各种国际旅游收入线图中的不规则变动。图 B.1 中还有一个极其特殊的时间段，即 2003 年非典时期。这一年的疫情严重影响了国际旅游业，收入大幅下跳，4~6 月达到最低谷，比整个时间序列的初始期 1999 年 1 月，还低两亿美元左右。这一变动是典型的不规则变动，几乎不可能用模型拟合出来。

2. 运用移动平均法识别长期趋势

移动平均法通过取平均的方式消除偶然因素的影响，展现时间序列的长期趋势。对国际旅游总收入计算三项移动平均数和十二项移动平均数，并将计算结果绘制成线图。由图 B.2 可见，十二项移动平均序列比三项移动平均序列更平滑，而且由于平均项数与季节变动周期相同，消除了季节的影响，更能清楚地展示序列的长期趋势，长期来看，我国国际旅游总收入呈现出不断增长的趋势，增速比较平稳，2015 年以前基本呈线性增长的趋势，2015 年跳跃式增长后，在更高的水平上也呈现出一定的线性增长的趋势。

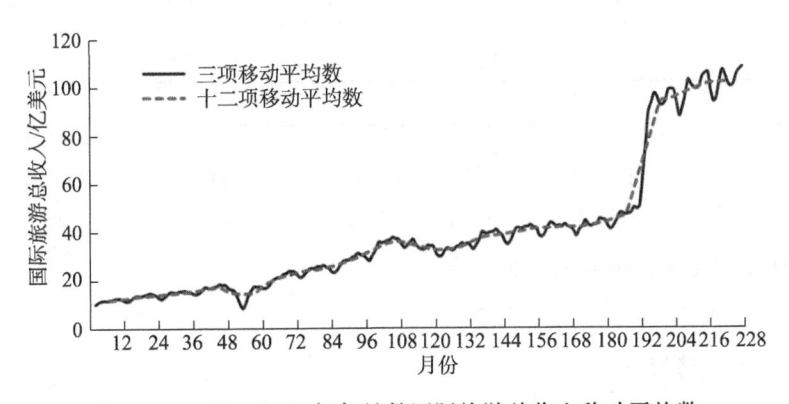

图 B.2　1999~2017年各月份国际旅游总收入移动平均数

3. 运用指数平滑法识别长期趋势

分别令平滑系数等于 0.2、0.5、0.8，计算时间序列的指数平滑值。将指数平滑值与观测值同时画线图，可以看到，平滑系数越大，指数平滑序列越平滑，越能展示时间序列的长期趋势。图 B.3 为平滑系数等于 0.2 时的指数平滑值和观测值的比较，再次印证了移动平均法的结论，即此时间序列在 2015 年前呈现出明显的线性增长趋势。

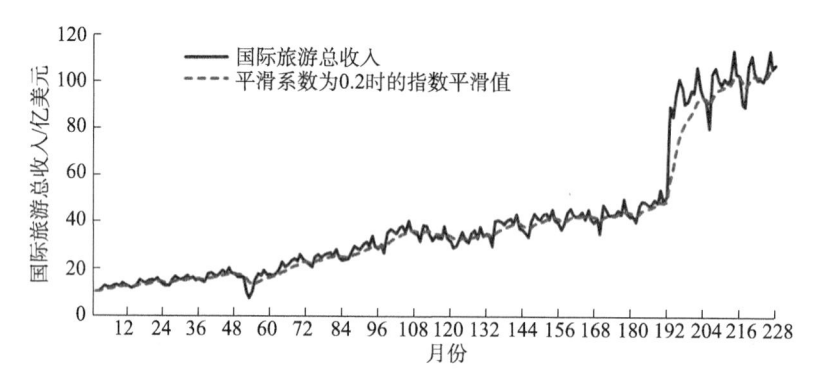

图 B.3　1999～2017 年各月份国际旅游总收入指数平滑值

4. 用移动平均法和指数平滑法进行预测

移动平均法和指数平滑法也可用于预测，即将第 t 期的移动平均数或指数平滑值作为第 $t+1$ 期的预测值。为了提高预测精度，尝试了多种移动平均项数和多个平滑系数，比较各种情况下的均方误差（mean square error，MSE）指标，部分结果如表 B.3 所示。

表 B.3　移动平均和指数平滑预测法的均方误差

移动平均法			指数平滑法		
$N=3$	$N=4$	$N=12$	$\alpha=0.2$	$\alpha=0.5$	$\alpha=0.8$
27.476	31.107	59.313	38.902	23.741	22.059

显然，运用移动平均法进行预测，在尝试的移动平均项数中，$N=3$ 时预测精度最高，$N=12$ 时预测精度最低。运用指数平滑法进行预测，在尝试的平滑系数中，$\alpha=0.8$ 时的预测精度略高于 $\alpha=0.5$ 时的预测精度，远远高于 $\alpha=0.2$ 时的预测精度。两种方法比较，指数平滑法占优势。

5. 运用趋势模型法进行预测

1）线性趋势模型

对国际旅游总收入拟合线性趋势方程：

$$\hat{y}_t = -2.813 + 0.372t$$

国际旅游总收入的月均增量是 0.372 亿美元。图 B.4 为线性趋势预测值与观测值的比较。预测的均方误差为 190.350,预测精度远远低于移动平均法和指数平滑法。

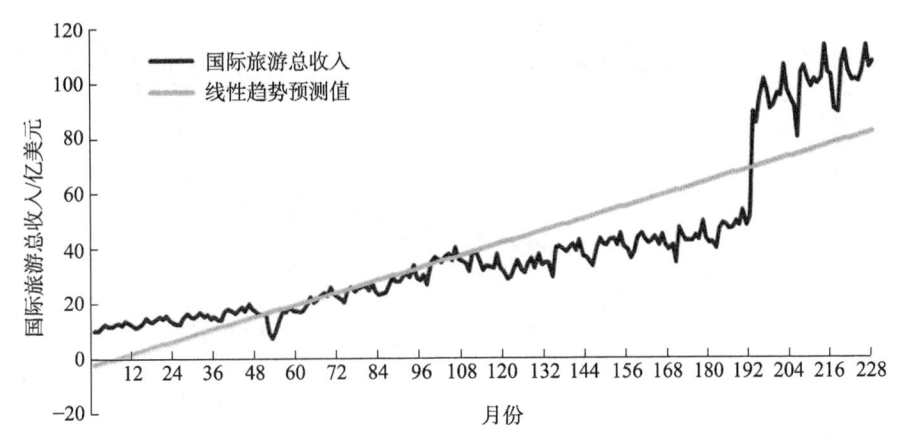

图 B.4 1999～2017 年各月份国际旅游总收入的线性趋势预测

2)二次抛物线趋势模型

对国际旅游总收入拟合二次抛物线趋势方程:

$$\hat{y}_t = 19.168 - 0.201t + 0.0025t^2$$

图 B.5 为二次抛物线趋势预测值与观测值的比较。预测的均方误差为 99.230,预测精度虽高于线性趋势模型,但仍远低于移动平均法和指数平滑法。

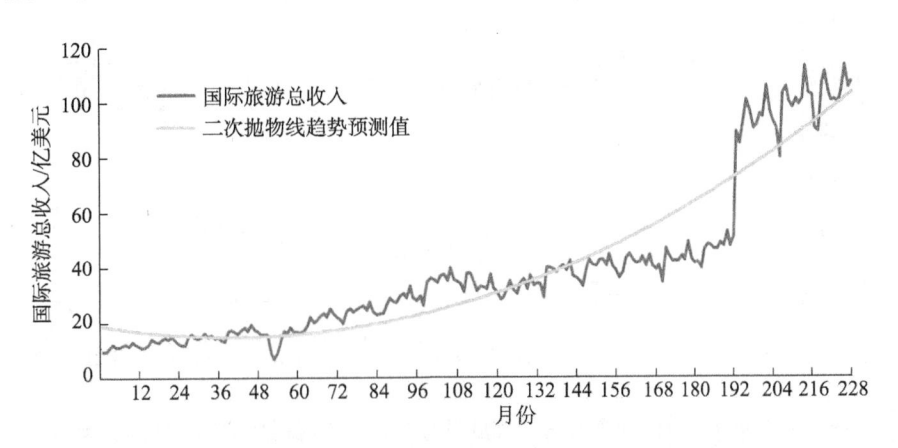

图 B.5 1999～2017 年各月份国际旅游总收入的二次抛物线趋势预测

3)指数趋势模型

对国际旅游总收入拟合指数趋势方程:

$$\hat{y}_t = 10.732 \times 1.010^t$$

图 B.6 为指数趋势预测值与观测值的比较。预测的均方误差为 38.635，预测精度高于线性趋势模型和二次抛物线趋势模型，但略低于移动平均法和指数平滑法。

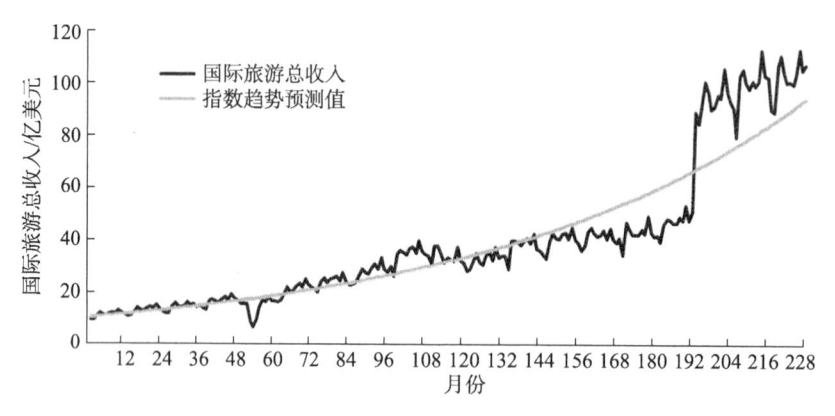

图 B.6　1999～2017 年各月份国际旅游总收入的指数趋势预测

4）加入年份虚拟变量的线性趋势模型

如前所述，各条国际旅游收入线都在 2015 年 1 月发生了跳跃式增长，加入年份虚拟变量，区分 2015 年 1 月前后两个时间段，再次拟合线性趋势模型。

$$\hat{y}_t = 8.538 + 0.208t + 46.762D$$

图 B.7 为加入了年份虚拟变量的线性趋势预测值与观测值的比较。预测的均方误差为 15.582，预测精度高于前述三种趋势模型，也高于移动平均法和指数平滑法。

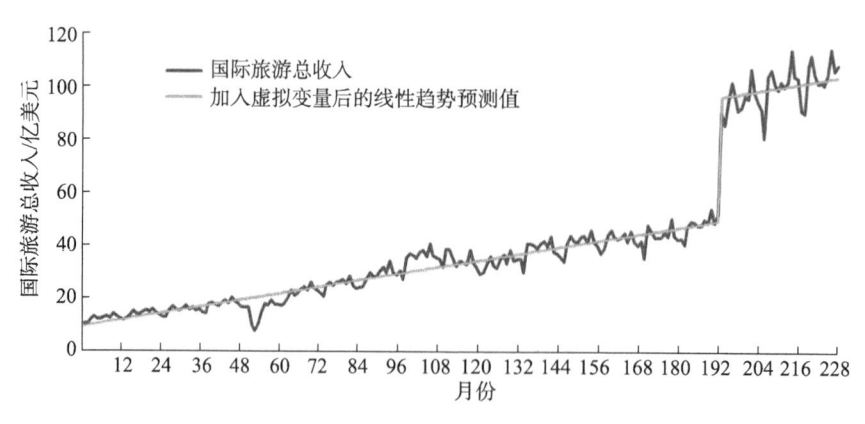

图 B.7　1999～2017 年各月份国际旅游总收入加入虚拟变量的线性趋势预测

6. 季节变动与长期趋势相结合的预测

为了更准确地预测国际旅游收入，分别测定了季节变动和长期趋势，并将二者结合进行最终的预测。

1）运用移动平均季节比率法测度季节变动

移动平均季节比率法分四步：第一步，用十二项移动平均法测算长期趋势值 T，注意，需要对一步十二项移动平均数进行中心化处理；第二步，将移动平均趋势值 T 从原序列中剔除；第三步，计算同月平均数，得到各月的季节比率；第四步，如果各月的季节比率之和不等于 12，还需要进行修正。整个计算过程如表 B.4 所示。

表 B.4　运用移动平均季节比率法测算季节变动

年份	月份	国际旅游总收入/亿美元	十二项移动平均数	中心化移动平均趋势值 T	剔除移动平均趋势值 Y/T	季节比率（未修正）
1999	1	9.771				
	2	9.818				
	3	11.051				
	4	12.430				
	5	11.683				
	6	11.441	11.749			
	7	12.269	11.860	11.805	1.039	1.022
	8	12.616	11.991	11.925	1.058	1.055
	9	12.005	12.129	12.060	0.995	0.992
	10	13.468	12.320	12.225	1.102	1.101
	11	12.612	12.473	12.396	1.017	0.976
	12	11.822	12.616	12.545	0.942	0.946
2000	1	11.110	12.787	12.702	0.875	0.936
	2	11.381	12.977	12.882	0.883	0.888
	3	12.714	13.173	13.075	0.972	1.046
	4	14.718	13.337	13.255	1.110	1.063
	5	13.520	13.440	13.388	1.010	0.990
	6	13.161	13.520	13.480	0.976	0.967
	7	14.317	13.622	13.571	1.055	
	8	14.902	13.692	13.657	1.091	
	9	14.356	13.864	13.778	1.042	
	10	15.429	13.985	13.925	1.108	
	11	13.847	14.111	14.048	0.986	
	12	12.783	14.235	14.173	0.902	
⋮	⋮	⋮	⋮	⋮	⋮	

表 B.4 中各月的季节比率之和为 11.982，略低于 12，修正后的结果如表 B.5 所示。3 月、4 月、7 月、8 月、10 月均为国际旅游旺季，其中 4 月、8 月和 10 月是三个小高峰。1 月、2 月、6 月、11 月、12 月均为国际旅游淡季，其中 2 月是最低谷。

表 B.5　国际旅游总收入各月季节比率

月份	1	2	3	4	5	6
季节比率	0.937	0.889	1.048	1.065	0.991	0.969
月份	7	8	9	10	11	12
季节比率	1.023	1.056	0.994	1.103	0.978	0.948

2）对原序列进行季节调整后构建趋势模型

运用上一步计算出来的季节比率对原序列进行季节调整，对调整后的序列构建趋势模型。参照趋势模型法的模型比较结论，这里采用加入虚拟变量的线性模型。

$$\hat{T}_t = 8.595 + 0.208t + 46.889D$$

3）将季节变动和长期趋势结合起来进行预测

基于时间序列乘法模型，将测定出来的季节比率与长期趋势相结合进行最终预测，图 B.8 为最终预测值与观测值的比较。预测的均方误差为 8.428，预测精度高于之前所做的任何一种尝试。

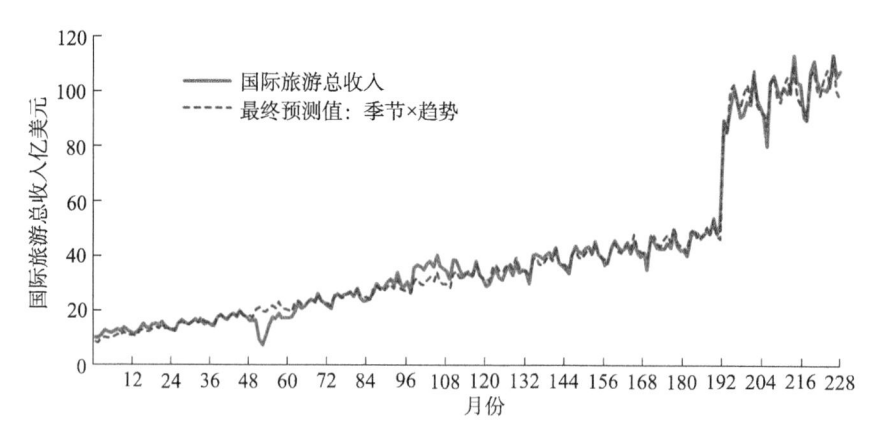

图 B.8　1999～2017 年各月份国际旅游总收入预测（季节×趋势）

最后，利用上述方法预测 2018 年各月的国际旅游总收入，结果如表 B.6 所示。

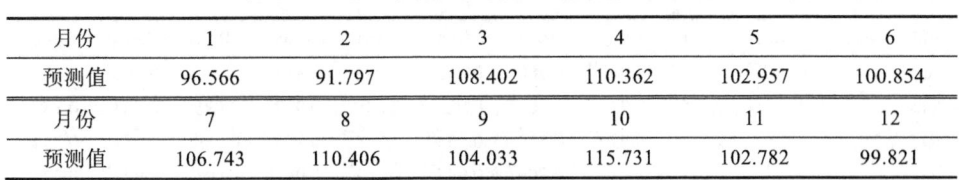

表 B.6　2018 年各月份国际旅游总收入预测值　　单位：亿美元

月份	1	2	3	4	5	6
预测值	96.566	91.797	108.402	110.362	102.957	100.854
月份	7	8	9	10	11	12
预测值	106.743	110.406	104.033	115.731	102.782	99.821

（二）国际旅游总收入的影响因素分析

基于旅游经济学基本理论并借鉴以往的研究成果，本案例对国际旅游总收入的影响因素主要关注以下几个方面：经济发展水平、开放程度及汇率、旅游基础设施、交通便利性、旅客吸引力。能够刻画各种影响因素的变量很多，初步筛选其中代表性强的变量，如表 B.7 所示。

表 B.7　国际旅游总收入影响因素变量选取

因素	代表变量	变量代码	变量解释
国际旅游发展水平	国际旅游总收入	Rev	国际旅游总收入/亿美元
经济发展水平	消费总额	Cons	支出法 GDP–最终消费/亿元
	人均 GDP	GDP	人均 GDP/元
	居民收入水平	Inc	城镇居民家庭人均可支配收入/元
汇率	人民币对美元汇率	Rate	100 美元兑换人民币/元
开放程度	进出口	Trad	进出口/亿元
旅客吸引力	入境过夜游客	Tour	入境过夜游客/万人次
交通便利性	民航里程	Avia	民航航线里程/万公里
	铁路里程	Rail	铁路总里程/万公里
旅游基础设施	旅行社总数	Agen	旅行社总数/个
	星级饭店总数	Hote	星级饭店总数/个

1. 单因素分析

1）相关分析

计算各变量之间的 Pearson 相关系数，计算结果如表 B.8 所示。

由表 B.8 可知，除星级饭店总数与国际旅游总收入的相关度较低且不显著以外，其他变量与国际旅游总收入之间都存在着显著的线性相关关系。人民币对美元汇率与国际旅游总收入之间是负相关，即人民币币值越高，国际旅游总收入越低。其他变量与国际旅游总收入之间均为正相关，即我国的经济发展水平越高，交通越便利，旅游基础设施越完备，开放程度越高，对旅游者的吸引力越大，国际旅游总收入越高。

表 B.8　Pearson 相关系数

变量	Rev	Cons	GDP	Inc	Rate	Trad	Tour	Avia	Rail	Agen	Hote
Rev	1	0.963**	0.952**	0.961**	−0.700**	0.862**	0.788**	0.953**	0.977**	0.905**	0.122
Cons		1	0.996**	0.997**	−0.767**	0.925**	0.839**	0.977**	0.995**	0.963**	0.157
GDP			1	0.999**	−0.819**	0.953**	0.874**	0.956**	0.989**	0.974**	0.234
Inc				1	−0.806**	0.945**	0.867**	0.961**	0.993**	0.971**	0.224
Rate					1	−0.895**	−0.837**	−0.619**	−0.761**	−0.803**	−0.584**
Trad						1	0.959**	0.846**	0.909**	0.969**	0.481*
Tour							1	0.761**	0.822**	0.930**	0.614**
Avia								1	0.970**	0.923**	0.010
Rail									1	0.950**	0.153
Agen										1	0.357
Hote											1

**表示在 0.01 的水平上显著，*表示在 0.05 的水平上显著

也可绘制散点图，直观认识各因素与国际旅游总收入的关系，具体如图 B.9 所示。

(a) 消费总额与国际旅游总收入散点图

(b) 人均GDP与国际旅游总收入散点图

(c) 居民收入水平与国际旅游总收入散点图

(d) 人民币对美元汇率与国际旅游总收入散点图

(e) 进出口与国际旅游总收入散点图

(f) 入境过夜游客与国际旅游总收入散点图

(g) 民航里程与国际旅游总收入散点图

(h) 铁路里程与国际旅游总收入散点图

(i) 旅行社总数与国际旅游总收入散点图

(j) 星级饭店总数与国际旅游总收入散点图

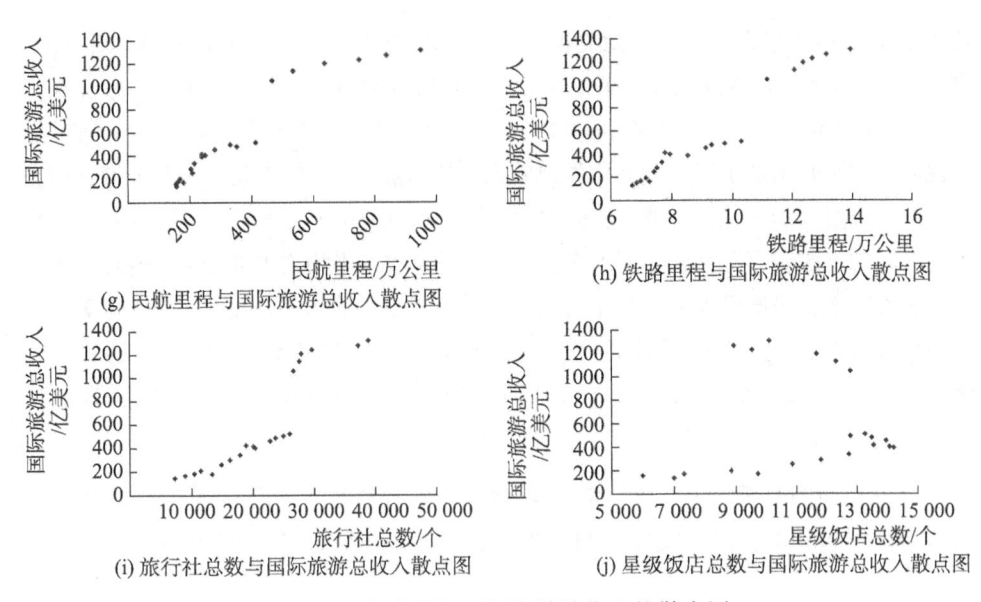

图 B.9　各变量与国际旅游总收入的散点图

2）回归分析

分别拟合国际旅游总收入对各影响因素的一元线性回归模型，鉴于国际旅游收入在 2015 年前后发生了跳跃式增长，加入年份虚拟变量，将 2015 年及以后年度设置为 1，表 B.9 中省略年份虚拟变量的系数，仅报告各影响因素的系数。

表 B.9　单一影响因素的回归分析

模型	模型自变量	β_0	β_1	t_{β_1}	F 统计量	R^2	S_{yx}
1	消费总额	66.29	0.002**	7.60	166.82	0.949	100.66
2	人均 GDP	64.62	0.014**	3.91	168.94	0.940	100.06
3	居民收入水平	5.12	0.025**	8.14	186.68	0.954	95.42
4	人民币对美元汇率	1850.89	−1.984**	−5.29	97.76	0.916	129.18
5	进出口	48.70	0.002**	6.84	141.39	0.940	108.84
6	入境过夜游客	−347.10	0.156**	4.80	86.36	0.906	136.69
7	民航里程	32.32	1.383**	5.27	97.22	0.915	129.51
8	铁路里程	−839.68	147.357**	9.18	228.51	0.962	86.61
9	旅行社总数	−105.66	0.027**	5.93	114.36	0.927	120.18

**表示在 0.01 的水平上显著

由表 B.9 可知，所有模型的拟合效果都很好。从判定系数 R^2 来看，模型判定系数均在 0.9 以上。从估计标准误差 S_{yx} 看，模型 8 拟合优度最高，其次是模型 3，模型 6 拟合优度最低。另外，所有方程均在 0.01 的水平下通过了显著性检验。

从回归系数 β_1 来看，除了人民币对美元汇率的系数为负外，其他变量的系数均为正值。具体来讲，100 美元兑换人民币每增加 1 元，国际旅游总收入平均减少 1.984 亿美元。在经济发展水平方面，消费总额每增加 1 亿元，国际旅游总收入平均增加 0.002 亿美元；人均 GDP 每增加 1 元，国际旅游总收入平均增加 0.014 亿美元；居民收入水平每增加 1 元，国际旅游总收入平均增加 0.025 亿美元。在开放度方面，进出口总额每增加 1 亿元，国际旅游总收入平均增加 0.002 亿美元。在旅客吸引力方面，入境过夜游客数每增加 1 万人次，国际旅游总收入平均增加 0.156 亿美元。在交通便利性方面，民航里程每增加 1 万公里，国际旅游总收入平均增加 1.383 亿美元；铁路里程每增加 1 万公里，国际旅游总收入平均增加 147.357 亿美元。在旅游基础设施方面，旅行社总数每增加 1 个，国际旅游总收入平均增加 0.027 亿美元。

2. 多因素分析

由一元回归分析结果可知，各因素对国际旅游总收入均有显著影响。尝试将所有变量纳入，拟合多元线性回归方程，结果如表 B.10～表 B.12 所示。

表 B.10 多元回归分析拟合优度

R	R^2	调整 R^2	估计标准误差
0.991	0.982	0.963	80.649

表 B.11 多元回归分析方差分析表

项目	平方和	自由度	均方	F	Sig.
回归变差	3 498 125.392	10	349 812.539	53.783	0.000
残差	65 041.899	10	6 504.190		
总计	3 563 167.291	20			

表 B.12 多元回归分析系数及共线性诊断

变量	非标准化系数 B	标准误差	标准化系数 β	t	Sig.	容忍度	VIF
常数项	44.124	1535.359		0.029	0.978		
消费总额	−26.196	157.416	−0.027	−0.166	0.871	0.069	14.514
人均 GDP	0.002	0.008	0.740	0.239	0.816	0.000	5278.386
居民收入水平	−0.100	0.063	−4.842	−1.592	0.143	0.000	5069.629
人民币对美元汇率	0.030	0.081	0.847	0.374	0.716	0.000	2810.033
进出口	−3.091	1.924	−0.621	−1.607	0.139	0.012	81.917
入境过夜游客	0.002	0.002	0.552	1.111	0.293	0.007	135.144
民航里程	0.120	0.100	0.324	1.199	0.258	0.025	40.045
铁路里程	2.602	1.342	1.491	1.939	0.081	0.003	323.803
旅行社总数	368.440	141.874	2.059	2.597	0.027	0.003	344.224

注：VIF 为方差膨胀因子（variance inflation factor）

由表 B.10 可知，国际旅游总收入的总变动中，98.2%可由此回归方程解释，估计标准误差仅为 80.649，拟合优度较高。

由表 B.11 可知，F 统计量为 53.783，P 值=0.000，拒绝原假设，整个方程通过显著性检验。

由表 B.12，构建国际旅游收入对 9 个变量的多元线性回归方程：

$$Y = 44.124 - 26.196\text{Cons} + 0.002\text{GDP} - 0.100\text{Inc} + 0.030\text{Rate} - 3.091\text{Trad} \\ + 0.002\text{Tour} + 0.120\text{Avia} + 2.602\text{Rail} + 368.440\text{Agen}$$

模型中，消费总额、居民收入水平、进出口的系数为负值，与旅游经济学基本理论相违背。旅行社总数在 0.05 的水平上显著，铁路里程在 0.10 的水平上显著，其他变量均未通过显著性检验。出现这种情况，原因在于 9 个自变量之间存在严重的多重共线性，由表 B.12 中的容忍度和 VIF 可证实这一点。

接下来采用逐步回归法，解决多重共线性问题。结果如表 B.13～表 B.15 所示。

表 B.13 逐步回归系数表

模型	变量	非标准化系数 B	标准差	标准化系数 β	t	Sig.
1	常数项	−310.174	1473.608		−0.210	0.837
	消费总额	−0.003	0.007	−1.177	−0.441	0.667
	人均 GDP	−0.080	0.059	−3.874	−1.341	0.205
	居民收入水平	0.074	0.071	2.077	1.039	0.319
	人民币对美元汇率	−2.195	1.751	−0.441	−1.253	0.234
	进出口	0.003	0.002	0.716	1.609	0.134
	民航里程	2.616	1.245	1.498	2.102	0.057
	铁路里程	334.022	129.680	1.866	2.576	0.024
	旅行社总数	−0.020	0.014	−0.411	−1.391	0.190
2	常数项	−1.957	1256.218		−0.002	0.999
	人均 GDP	−0.100	0.036	−4.860	−2.748	0.017
	居民收入水平	0.065	0.066	1.823	0.983	0.343
	人民币对美元汇率	−2.522	1.536	−0.507	−1.642	0.125
	进出口	0.004	0.002	0.825	2.301	0.039
	民航里程	2.419	1.125	1.386	2.150	0.051
	铁路里程	332.091	125.525	1.855	2.646	0.020
	旅行社总数	−0.019	0.014	−0.381	−1.368	0.195

续表

模型	变量	非标准化系数 B	标准差	标准化系数 β	t	Sig.
3	常数项	−448.485	1169.875		−0.383	0.707
	人均 GDP	−0.075	0.026	−3.660	−2.864	0.012
	人民币对美元汇率	−2.506	1.534	−0.504	−1.633	0.125
	进出口	0.004	0.002	0.910	2.615	0.020
	民航里程	2.472	1.123	1.416	2.202	0.045
	铁路里程	424.136	83.529	2.370	5.078	0.000
	旅行社总数	−0.018	0.014	−0.375	−1.349	0.199
4	常数项	−302.911	1196.288		−0.253	0.804
	人均 GDP	−0.076	0.027	−3.680	−2.804	0.013
	人民币对美元汇率	−2.774	1.562	−0.558	−1.776	0.096
	进出口	0.003	0.001	0.606	2.225	0.042
	民航里程	2.325	1.147	1.332	2.026	0.061
	铁路里程	420.531	85.736	2.350	4.905	0.000

表 B.14 逐步回归拟合优度

模型	R^2	调整 R^2	估计标准误差	R^2 的变化	F 的变化	自由度 1	自由度 2	F 显著性水平的变化
1	0.979	0.965	79.464 87	0.979	69.034	8	12	0.000
2	0.978	0.967	76.962 71	0.000	0.194	1	12	0.667
3	0.977	0.967	76.871 50	−0.002	0.967	1	13	0.343
4	0.974	0.965	78.943 69	−0.003	1.820	1	14	0.199

表 B.15 逐步回归的方差分析

模型	项目	平方和	自由度	均方	F	Sig.
1	回归变差	3 487 391.297	8	435 923.912	69.034	0.000
	残差	75 775.995	12	6 314.666		
	总计	3 563 167.291	20			
2	回归变差	3 486 164.938	7	498 023.563	84.079	0.000
	残差	77 002.354	13	5 923.258		
	总计	3 563 167.291	20			
3	回归变差	3 480 438.114	6	580 073.019	98.164	0.000
	残差	82 729.177	14	5 909.227		
	总计	3 563 167.291	20			
4	回归变差	3 469 685.699	5	693 937.140	111.349	0.000
	残差	93 481.592	15	6 232.106		
	总计	3 563 167.291	20			

表 B.13 报告了采用向后逐步回归法构建的 4 个回归方程。模型 1 是将全部变量纳入，仅有民航里程和铁路里程显著。模型 2 剔除了消费总额，人均 GDP、进出口、民航里程、铁路里程均显著。模型 3 剔除了消费总额和居民收入水平，人均 GDP、进出口、民航里程、铁路里程均显著。模型 4 剔除了消费总额、居民收入水平和旅行社总数，铁路里程、人均 GDP、进出口均在小于等于 0.05 的水平上显著，民航里程、人民币对美元汇率在 0.1 的水平上显著。

由表 B.14，虽然逐渐剔除变量的过程中，模型的 R^2 逐渐降低，但是，调整 R^2 却有所提高，模型 2 和模型 3 的调整 R^2 都提高到 0.967。

由表 B.15，通过逐步剔除不显著变量，模型的 F 统计量不断增大。

综上，逐步回归法在很大程度上解决了多重共线性问题。除此之外，还有几种方法可以用于解决多重共线性问题，由于篇幅所限，这里不再赘述。

五、结论

本案例研究国际旅游总收入，一方面利用 1999 年 1 月至 2017 年 12 月，共 19 年 228 个月的国际旅游收入数据进行时间序列分析；另一方面运用 1999 年至 2019 年的年度数据对国际旅游总收入的影响因素进行回归分析，得到的主要结论如下。

（1）国际旅游收入有明显的季节性、趋势性，也存在着难以预测的不规则变动。

（2）从长期趋势上看，国际旅游总收入呈现出明显的线性趋势。从季节变动来看，3 月、4 月、7 月、8 月、10 月均为国际旅游旺季，其中 4 月、8 月和 10 月是 3 个小高峰。1 月、2 月、6 月、11 月、12 月均为国际旅游淡季，其中 2 月是最低谷。

（3）通过均方误差的大小来比较各种预测未来国际旅游总收入的方法的预测精度。第一，在指数平滑预测法中，平滑系数取较大值时指数平滑预测优于移动平均预测。第二，趋势模型预测法中，加入年份虚拟变量的线性模型优于其他模型，均方误差由小到大依次为：年份虚拟变量+线性模型、指数模型、二次抛物线模型、线性模型。第三，趋势模型法中，除了加入年份虚拟变量的线性模型的预测精度较高以外，其他模型与指数平滑预测法相比并无优势，但指数平滑预测法严格来讲只能外推预测一期，常常不能满足预测的需求。第四，兼顾了趋势因素和季节变动因素的预测方法的预测精度最高。

（4）对国际旅游业单个影响因素分析的结果显示，体现经济发展水平的人均 GDP、消费总额和居民收入水平，体现开放程度的进出口，体现对旅客吸引力的入境过夜游客数，体现交通便利程度的民航里程和铁路里程，体现旅游基础设施完备性的旅行社总数，都与国际旅游总收入高度正相关，而影响境外游客旅游成本的人民币对美元汇率，则与国际旅游总收入呈现高度负相关。一元回归结果表明，上述各因素对国际旅游总收入均有显著影响。

（5）对国际旅游业多个影响因素分析的结果显示，将所有变量纳入模型，拟合多元回归方程，拟合优度较高，但由于各变量间存在严重的多重共线性问题，模型中很多变量的系数与常识不符，且只有很少变量能够通过显著性检验。运用逐步回归法，在某种程度上解决了多重共线性问题，最终进入模型的变量有铁路里程、人均 GDP、进出口、民航里程和人民币对美元汇率。

附表 B 我国 1999～2017 年各月份国际旅游收入数据   单位：亿美元

年份	月份	总计	外国人	华侨	港澳同胞	台湾同胞
1999	1	9.771	3.604	0.092	4.593	1.483
	2	9.818	3.405	0.089	4.779	1.545
	3	11.051	4.796	0.097	4.470	1.687
	4	12.430	5.001	0.087	5.251	2.091
	5	11.683	5.038	0.084	4.638	1.922
	6	11.441	4.811	0.087	4.724	1.819
	7	12.269	4.993	0.090	5.054	2.133
	8	12.616	5.376	0.077	5.176	1.987
	9	12.005	5.402	0.079	4.697	1.826
	10	13.468	6.277	0.078	5.139	1.973
	11	12.612	5.393	0.072	5.247	1.901
	12	11.822	4.564	0.081	5.503	1.674
2000	1	11.110	4.396	0.048	5.069	1.597
	2	11.381	4.323	0.038	4.804	2.216
	3	12.714	5.551	0.044	5.062	2.057
	4	14.718	6.305	0.048	5.738	2.627
	5	13.520	5.954	0.040	5.046	2.480
	6	13.161	5.735	0.037	5.061	2.328
	7	14.317	5.986	0.036	5.640	2.656
	8	14.902	6.627	0.035	5.703	2.538
	9	14.356	6.499	0.036	5.273	2.548
	10	15.429	7.443	0.035	5.296	2.656
	11	13.847	6.393	0.031	5.220	2.203
	12	12.783	5.339	0.027	5.470	1.948

续表

年份	月份	总计	外国人	华侨	港澳同胞	台湾同胞
2001	1	12.333	4.966	3.925	1.536	1.905
	2	12.222	5.762	3.102	1.337	2.021
	3	14.785	7.011	3.942	1.527	2.304
	4	16.163	7.897	3.975	1.628	2.663
	5	15.040	7.513	3.481	1.554	2.491
	6	14.649	7.151	3.570	1.574	2.354
	7	15.328	7.364	3.728	1.694	2.543
	8	16.650	8.193	4.071	1.816	2.570
	9	15.071	7.545	3.669	1.768	2.089
	10	15.976	8.030	3.684	1.826	2.436
	11	14.470	6.845	3.766	1.847	2.013
	12	15.235	6.918	4.145	2.081	2.090
2002	1	14.057	5.980	4.424	1.579	2.075
	2	13.695	5.459	4.366	1.503	2.367
	3	17.155	7.732	5.061	1.610	2.752
	4	17.743	8.523	4.647	1.573	3.000
	5	16.989	8.031	4.552	1.545	2.862
	6	16.153	7.306	4.690	1.623	2.534
	7	17.561	7.844	4.979	1.729	3.009
	8	18.614	8.735	5.201	1.812	2.866
	9	17.181	8.431	4.487	1.591	2.673
	10	19.646	9.994	4.837	1.808	3.006
	11	17.825	8.734	4.827	1.754	2.511
	12	17.231	7.932	5.090	1.854	2.354
2003	1	15.925	6.983	4.981	1.992	1.969
	2	15.829	7.140	4.277	1.529	2.884
	3	16.038	7.741	4.513	1.629	2.154
	4	8.987	3.368	3.261	1.415	0.943
	5	7.021	1.887	3.490	1.244	0.400
	6	9.625	3.212	4.016	1.603	0.796
	7	14.238	5.580	4.611	1.734	2.314
	8	17.173	7.435	5.250	1.859	2.629
	9	16.566	7.798	4.660	1.632	2.476
	10	18.689	9.390	4.847	1.691	2.761
	11	17.015	8.175	4.813	1.684	2.343
	12	16.956	7.742	5.194	1.842	2.178

续表

年份	月份	总计	外国人	华侨	港澳同胞	台湾同胞
2004	1	16.711	6.802	5.454	1.956	2.499
	2	17.178	8.097	4.822	1.755	2.504
	3	19.418	9.155	5.590	1.862	2.811
	4	22.306	10.794	6.321	1.989	3.202
	5	20.335	9.998	5.602	2.042	2.692
	6	21.183	10.363	5.598	2.116	3.106
	7	22.703	10.859	6.078	2.242	3.524
	8	23.727	12.048	6.055	2.259	3.365
	9	22.545	11.567	5.667	2.120	3.191
	10	25.582	13.600	5.967	2.299	3.716
	11	23.355	12.433	5.744	2.155	3.024
	12	22.346	10.656	6.239	2.545	2.906
2005	1	21.305	10.684	5.445	2.494	2.683
	2	20.177	9.460	5.188	2.068	3.460
	3	24.403	12.683	6.057	2.516	3.148
	4	25.641	13.615	5.925	2.419	3.682
	5	24.210	12.294	5.727	2.504	3.684
	6	25.305	13.927	5.571	2.383	3.424
	7	25.855	12.958	6.248	2.701	3.948
	8	26.437	14.014	6.143	2.570	3.710
	9	24.689	13.238	5.765	2.238	3.448
	10	27.701	15.467	5.992	2.414	3.828
	11	24.257	13.212	5.821	2.274	2.950
	12	22.979	11.489	6.225	2.403	2.863
2006	1	23.319	11.528	6.511	2.506	2.774
	2	23.922	12.576	5.420	1.989	3.937
	3	26.439	14.404	6.244	2.255	3.536
	4	29.350	15.996	7.092	2.283	3.980
	5	27.917	15.756	6.157	2.242	3.763
	6	27.629	15.413	6.084	2.381	3.751
	7	29.922	16.238	6.763	2.534	4.387
	8	31.095	17.357	6.878	2.544	4.316
	9	29.141	16.502	6.371	2.413	3.854
	10	33.512	19.618	6.760	2.682	4.451
	11	29.117	16.768	6.380	2.399	3.569
	12	28.127	15.205	6.940	2.631	3.351

续表

年份	月份	总计	外国人	华侨	港澳同胞	台湾同胞
2007	1	30.041	17.189	6.697	2.685	3.470
	2	26.428	13.859	6.534	2.222	3.814
	3	35.076	21.217	7.091	2.526	4.241
	4	36.334	21.591	7.783	2.497	4.463
	5	35.652	21.770	6.911	2.395	4.576
	6	34.592	20.977	6.992	2.351	4.271
	7	37.010	22.135	7.670	2.451	4.755
	8	37.748	23.242	7.731	2.387	4.389
	9	35.445	21.391	7.569	2.409	4.077
	10	40.053	25.470	7.549	2.349	4.684
	11	35.843	22.227	7.413	2.327	3.876
	12	34.968	20.780	8.050	2.381	3.758
2008	1	34.18	20.56	7.57	2.91	3.16
	2	31.21	17.48	7.18	2.54	4.02
	3	38.18	23.19	8.48	3.00	3.52
	4	37.97	23.22	7.79	2.80	4.16
	5	34.73	20.56	7.72	2.73	3.71
	6	31.73	18.39	7.17	2.73	3.44
	7	33.48	18.50	8.01	2.88	4.08
	8	32.89	18.41	7.70	2.88	3.90
	9	32.31	18.26	7.61	2.76	3.69
	10	37.78	22.81	7.70	2.94	4.33
	11	32.53	18.68	7.57	2.83	3.44
	12	31.42	16.92	8.09	3.05	3.35
2009	1	28.49	14.41	8.27	2.49	3.32
	2	29.29	15.80	7.16	2.17	4.15
	3	32.64	18.32	8.06	2.39	3.88
	4	35.34	19.43	9.07	2.47	4.38
	5	31.86	17.69	7.89	2.37	3.90
	6	30.76	17.28	7.62	2.23	3.63
	7	34.41	19.41	8.15	2.32	4.53
	8	35.89	20.56	8.54	2.29	4.50
	9	32.46	18.83	7.74	2.03	3.87
	10	37.56	21.95	8.47	2.22	4.91
	11	33.60	19.27	7.94	2.18	4.21
	12	34.45	19.59	8.56	2.31	3.98

续表

年份	月份	总计	外国人	华侨	港澳同胞	台湾同胞
2010	1	34.38	19.28	8.74	2.22	4.14
	2	29.34	15.20	7.94	1.90	4.30
	3	39.96	24.22	8.95	2.19	4.60
	4	40.23	23.44	9.79	2.18	4.81
	5	39.57	23.46	9.04	2.18	4.89
	6	38.48	22.91	8.47	2.17	4.93
	7	40.17	23.17	9.09	2.25	5.66
	8	41.06	24.20	9.28	2.27	5.31
	9	38.97	23.39	8.63	2.17	4.77
	10	42.81	26.34	8.94	2.27	5.26
	11	36.89	21.62	8.67	2.20	4.39
	12	36.29	20.16	9.34	2.44	4.34
2011	1	34.94	19.72	9.00	2.48	3.73
	2	33.26	18.11	8.12	1.96	5.07
	3	39.94	23.79	9.32	2.32	4.51
	4	43.28	25.32	10.38	2.35	5.23
	5	41.23	24.60	9.03	2.27	5.33
	6	40.65	24.40	8.80	2.23	5.23
	7	42.74	25.01	9.51	2.41	5.81
	8	43.09	26.17	9.14	2.39	5.39
	9	40.71	24.50	8.94	2.23	5.05
	10	45.11	28.00	9.28	2.33	5.49
	11	40.33	24.13	9.24	2.24	4.71
	12	39.35	22.78	9.87	2.41	4.29
2012	1	36.21	19.84	9.01	2.52	4.84
	2	38.36	22.90	8.23	2.36	4.86
	3	43.47	26.98	9.23	2.64	4.63
	4	45.31	27.75	9.83	2.36	5.36
	5	42.98	26.61	8.95	2.18	5.23
	6	41.74	25.55	8.84	2.20	5.16
	7	42.33	25.16	9.12	2.23	5.83
	8	44.06	27.18	9.20	2.27	5.40
	9	40.84	24.58	9.16	2.22	4.88
	10	44.90	27.78	9.04	2.23	5.84
	11	40.70	24.69	8.97	2.23	4.82
	12	39.38	22.86	9.50	2.43	4.58

续表

年份	月份	总计	外国人	华侨	港澳同胞	台湾同胞
2013	1	40.98	24.97	8.89	2.63	4.48
	2	34.57	18.98	7.96	2.31	5.32
	3	47.10	29.62	9.81	2.62	5.04
	4	44.80	28.55	8.61	2.45	5.18
	5	42.57	26.88	8.64	2.43	4.62
	6	42.36	26.38	8.54	2.43	5.01
	7	42.44	25.70	8.51	2.49	5.73
	8	44.55	27.78	8.62	2.45	5.71
	9	42.72	26.59	8.47	2.39	5.27
	10	49.53	31.99	8.86	2.50	6.18
	11	43.27	26.90	8.73	2.48	5.16
	12	41.76	25.46	8.84	2.61	4.84
2014	1	42.14	24.90	9.87	3.02	4.35
	2	39.76	23.49	7.96	2.33	5.97
	3	46.70	29.24	9.66	2.72	5.08
	4	48.70	30.05	10.36	2.87	5.42
	5	48.20	30.27	9.42	2.71	5.81
	6	46.76	28.97	9.19	2.43	6.17
	7	47.01	28.30	9.39	2.81	6.50
	8	49.38	30.60	9.68	2.84	6.25
	9	47.85	29.77	9.65	2.77	5.65
	10	53.54	34.34	9.92	2.84	6.45
	11	47.81	29.77	9.97	2.82	5.25
	12	51.28	31.55	10.15	3.28	6.30
2015	1	89.31	47.91	24.65	6.23	10.53
	2	85.00	39.76	26.69	6.91	11.64
	3	94.19	51.30	25.10	6.17	11.61
	4	101.12	55.38	27.32	6.27	12.15
	5	97.04	53.97	24.61	6.07	12.39
	6	90.48	48.56	23.93	5.87	12.12
	7	91.50	48.25	23.80	6.28	13.17
	8	96.04	52.65	24.54	6.08	12.78
	9	94.98	52.06	25.15	6.28	11.50
	10	106.21	60.79	25.34	6.38	13.71
	11	96.99	53.22	25.52	6.25	12.01
	12	93.62	49.25	26.77	6.60	11.01

续表

年份	月份	总计	外国人	华侨	港澳同胞	台湾同胞
2016	1	90.93	49.74	23.94	6.61	10.64
	2	79.86	39.73	21.97	6.01	12.15
	3	103.35	58.51	26.96	6.61	11.27
	4	105.80	60.80	25.77	6.55	12.69
	5	100.50	56.77	24.92	6.08	12.74
	6	98.36	54.55	24.56	6.28	12.98
	7	101.21	55.54	25.18	6.63	13.86
	8	99.26	56.06	23.97	5.99	13.23
	9	101.41	56.38	26.12	6.52	12.38
	10	113.32	66.64	26.30	6.54	13.84
	11	103.28	58.39	26.86	5.68	12.34
	12	102.70	55.22	28.89	6.99	11.60
2017	1	90.50	47.50	25.49	7.24	10.28
	2	89.30	49.77	20.31	6.01	13.20
	3	107.03	62.27	25.69	6.88	12.19
	4	111.20	62.92	27.67	7.09	13.52
	5	104.07	58.90	24.70	6.93	13.54
	6	100.82	56.78	23.99	6.56	13.48
	7	100.93	55.31	24.38	6.96	14.29
	8	100.08	56.82	23.21	6.44	13.61
	9	103.96	59.09	25.92	7.04	11.91
	10	113.47	66.24	25.59	7.17	14.47
	11	105.40	60.69	25.44	6.22	13.05
	12	107.40	59.19	28.26	7.98	11.97

案例 C　国家审计体制改革模式的选择
——基于我国国家审计体制调查的层次分析

一、教学目的

通过本案例的学习，要求学生进一步掌握层次分析的基本方法与分析步骤，能够针对具体的数据对参数估计进行实际应用，同时能够对分析结果的现实意义进行解释和说明，使学生分析问题、解决现实问题的能力得到提高。

二、案例背景

此案例来自编者发表在《商场现代化》（2009 年 11 期）的《我国国家审计体制的未来——全国审计系统问卷调查实证分析》一文。

我国国家审计体制始建时，采取国家审计机关隶属于政府部门的行政模式，这与当时的政治经济环境相适应，实现了审计监督与政府经济监管职能的高度结合。随着政治经济体制的改革与完善，国家审计机关的工作重点逐渐转移到同级政府财政预算的执行上来。政府审计环境发生巨大变化，现行国家审计体制的弊端日益突出，严重制约了政府审计职能的发挥。现行体制改革已势在必行。

学术界提出了诸多改革模式，但是就采用何种改革模式尚未达成一致。本案例在有关中国国家审计体制与预算执行审计问题的社会调研数据的基础上，应用综合评价方法体系中的层次分析方法评价各种国家审计体制改革模式。试图从多方面、多角度剖析各种审计体制改革观点，评判各种审计体制改革观点的优劣，并就国家审计体制改革模式的选择做出回答，为审计体制改革提供参考。

三、数据来源

本案例所有的数据均来自中国国家审计体制与预算执行审计问题的社会调研[①]，为了确保调查数据的全面、公正和准确，该调查确定了审计机关以及与审计工作存在较强联系的几大系统和领域——人大系统、政府和财政系统、审计系统、专家系统和其他。问卷共分为六大部分——答卷者基本情况、中国国家审计基本状况、预算执行审计基本问题、现行审计体制总体评价、审计体制改革应考虑的原则性因素、各种审计体制改革观点的比较与选择，共计 122 个调查项目。

---

① 参见笔者发表于《商场现代化》（2009 年 11 期）的文章——《我国国家审计体制的未来——全国审计系统问卷调查实证分析》，第 324～325 页。

四、数据分析

（一）建立层次结构模型

结合研究目的与内容结构等方面的情况，将整个评价系统分为四个层次。

（1）最高层（A）是目标层，即最佳的审计体制改革方案。

（2）第二层为准则层（B），包括 3 个因素——B_1 经济社会发展水平、B_2 独立性和 B_3 实现性。

（3）第三层为指标层（C），包括 25 个具体因素。C_{11} 应适应财政监督权在民的本质要求；C_{12} 应适应建立公共财政制度的要求；C_{13} 应适应完善人大制度与强化人大预算监督的要求；C_{14} 应适应构建权力制约与监督机制的要求；C_{15} 应适应社会主义法治建设的要求；C_{16} 应适应加强党政干部监督管理的要求；C_{17} 应适应政府加强经济监管维护经济秩序的要求；C_{21} 应使审计机关在组织设置上独立于政府；C_{22} 审计机关负责人的任免和政绩评价不应由政府决定；C_{23} 应避免政府行政行为对审计机关的干扰；C_{24} 审计经费不应受制于政府和财政部门；C_{25} 审计规划、任务和工作应具有法制性、稳定性和程序性；C_{26} 应依法独立审计并要求审计结果及时和全面地对外披露；C_{27} 应有利于审计决定的执行；C_{28} 审计工作特别是预算执行审计不能由政府主导；C_{31} 不能脱离政府和政府领导对审计工作的支持；C_{32} 能脱离政府工作的轨道；C_{33} 不应削弱政府的经济监管职能；C_{34} 不应对当前审计工作造成大的冲击；C_{35} 不应使国家有过多的人、财、物的投入；C_{36} 应与人大主导和组织审计工作的能力和经验相适应；C_{37} 应考虑政府对改革的影响力和制约力；C_{38} 不应改变宪法所规定的"一府两院"制度；C_{39} 不应过多修改现行宪法；C_{310} 应便于人大和政府对审计工作领导责任进行协调和划分。

（4）第四层为方案层（D），包含 6 个方案——D_1 合并论、D_2 垂直论、D_3 升格论、D_4 立法论、D_5 审计院论和 D_6 双轨制论。

从而确立了上下层之间的隶属关系，建立了图 C.1 的层次结构。

（二）判断矩阵的构造与检验

考虑到被调查者的赋权水平的限制，本调查仅要求被调查者给出对各种改革应考虑的因素的评分。根据第 k 位专家的评分结果，利用两两对比法求出该专家对各层次的判断矩阵，即

$$A_k = (a_{kij})_{n \times n}, \quad a_{kij} = \frac{a_{ki}}{a_{kj}}$$

其中，a_{ki}、a_{kj} 分别表示第 k 位专家对 i 因素和 j 因素的相对重要程度的评分。

进一步采用算术平均法综合各位专家的判断矩阵，得到各层次的综合判断矩

案例 C 国家审计体制改革模式的选择

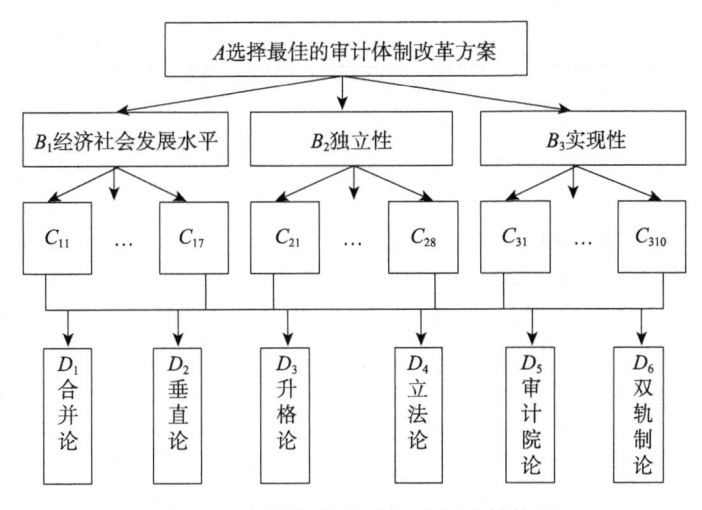

图 C.1 审计体制改革方式层次结构图

阵，即

$$\overline{A} = (\overline{a}_{ij})_{n \times n}, \quad \overline{a}_{ij} = \frac{\sum_{k=1}^{m} \rho_k a_{kij}}{\sum_{k=1}^{m} \rho_k}$$

其中，ρ_k 表示各位专家的可信度，鉴于被调查的专家数量较多，测度各位专家的可信度的工作量非常大，因此假定各位专家的可信度相同，即 $\rho_k = 1$。

经过计算，我们得到各层次的综合判断矩阵共 29 个。在此我们采用一致性比率（consistent ratio，CR）法对判断矩阵进行一致性检验，即 $CR = \dfrac{CI}{RI}$，其中，$CI = \dfrac{\lambda_{\max} - n}{n - i}$，$\lambda_{\max}$ 为判断矩阵的最大特征值，$\lambda_{\max} = \dfrac{1}{n} \sum_{i=1}^{n} \dfrac{(Aw)_i}{w_i}$，$w_i$ 表示各因素的权重，w 为权重向量。

通过对各判断矩阵的运算，我们得到各判断矩阵的特征向量（即权重向量）、最大特征值和 CR 值（表 C.1）。所有 CR 值都小于 0.1，通过一致性检验，判断矩阵和权重向量是合理的。可以进一步地计算分析。

表 C.1 各层次因素的权重向量和判断矩阵的一致性检验结果

矩阵	向量	W_1	W_2	W_3	W_4	W_5	W_6	W_7	W_8	W_9	W_{10}	$\lambda_{\max}$	CI	CR
$A\text{-}B$	α	24.9	59.4	15.7	—	—	—	—	—	—	—	3.05	0.027	0.046
$B_1\text{-}C$	β_1	15.0	15.6	14.6	15.6	15.1	11.6	12.5	—	—	—	7.001	0.000	0.000
$B_2\text{-}C$	β_2	11.9	12.7	13.0	11.2	13.5	12.9	13.3	11.5	—	—	8.006	0.001	0.001
$B_3\text{-}C$	β_3	12.0	10.1	11.6	10.6	8.7	11.2	10.4	7.2	7.7	10.3	10.0300	0.003	0.002

续表

矩阵	向量	W_1	W_2	W_3	W_4	W_5	W_6	W_7	W_8	W_9	W_{10}	$\lambda_{\max}$	CI	CR
C_{11}-D	γ_{11}	12.2	19.5	17.4	23.6	17.6	9.7	—	—	—	—	6.035	0.007	0.006
C_{12}-D	γ_{12}	13.0	19.3	17.3	22.9	17.0	10.5	—	—	—	—	6.021	0.004	0.003
C_{13}-D	γ_{13}	13.3	17.4	16.2	23.6	18.5	11.0	—	—	—	—	6.017	0.003	0.003
C_{14}-D	γ_{14}	14.4	18.3	16.4	22.5	18.1	10.3	—	—	—	—	6.016	0.003	0.003
C_{15}-D	γ_{15}	13.9	17.9	16.4	23.1	18.1	10.6	—	—	—	—	6.026	0.005	0.004
C_{16}-D	γ_{16}	17.4	17.7	16.5	20.6	17.3	10.5	—	—	—	—	6.022	0.004	0.004
C_{17}-D	γ_{17}	16.0	18.8	17.1	20.2	16.6	11.2	—	—	—	—	6.024	0.005	0.005
C_{21}-D	γ_{21}	12.8	18.7	16.0	22.9	19.5	10.2	—	—	—	—	6.028	0.006	0.005
C_{22}-D	γ_{22}	12.7	19.3	15.9	22.5	19.4	10.2	—	—	—	—	6.023	0.005	0.004
C_{23}-D	γ_{23}	12.7	19.4	16.5	22.2	18.9	10.3	—	—	—	—	6.023	0.005	0.004
C_{24}-D	γ_{24}	12.8	21.2	16.3	21.4	18.4	9.9	—	—	—	—	6.025	0.005	0.004
C_{25}-D	γ_{25}	12.6	19.6	17.2	21.9	18.0	10.7	—	—	—	—	6.014	0.003	0.002
C_{26}-D	γ_{26}	12.7	19.4	16.5	22.2	18.9	10.3	—	—	—	—	6.018	0.004	0.003
C_{27}-D	γ_{27}	14.4	19.5	17.3	20.6	17.9	10.3	—	—	—	—	6.016	0.003	0.002
C_{28}-D	γ_{28}	13.3	18.5	15.4	22.8	18.9	11.2	—	—	—	—	6.013	0.003	0.003
C_{31}-D	γ_{31}	20.3	20.3	20.0	15.2	12.5	11.6	—	—	—	—	6.038	0.008	0.006
C_{32}-D	γ_{32}	21.7	20.8	20.6	13.4	11.3	12.4	—	—	—	—	6.053	0.011	0.090
C_{33}-D	γ_{33}	17.9	20.1	19.4	16.8	14.1	11.7	—	—	—	—	6.026	0.005	0.004
C_{34}-D	γ_{34}	18.6	21.7	21.2	14.7	12.5	11.3	—	—	—	—	6.037	0.007	0.006
C_{35}-D	γ_{35}	19.3	20.9	17.3	18.2	13.3	11.0	—	—	—	—	6.021	0.004	0.003
C_{36}-D	γ_{36}	13.8	16.4	16.6	22.1	17.9	13.2	—	—	—	—	6.009	0.002	0.001
C_{37}-D	γ_{37}	18.8	18.6	18.0	16.9	14.8	12.9	—	—	—	—	6.022	0.004	0.004
C_{38}-D	γ_{38}	22.0	22.6	21.0	14.8	7.2	12.5	—	—	—	—	6.071	0.014	0.011
C_{39}-D	γ_{39}	22.8	23.7	21.9	11.5	8.6	11.4	—	—	—	—	6.069	0.014	0.011
C_{310}-D	γ_{310}	15.6	17.7	16.4	20.4	16.9	12.9	—	—	—	—	6.017	0.003	0.003

(三) 审计体制观点的综合评价

现对表 C.1 的权重向量进行合成,综合方法如下。

设 C_1 为与判断矩阵 C_{11}-D 至 C_{17}-D 相对应的权重向量 γ_{1i} 组成的权重向量矩阵,C_2 为与判断矩阵 C_{21}-D 至 C_{28}-D 相对应的权重向量 γ_{2i} 组成的权重向量矩阵,C_3 为与判断矩阵 C_{31}-D 至 C_{310}-D 相对应的权重向量 γ_{3i} 组成的权重向量矩阵;β_1 为与判断矩阵 B_1-C 相对应的权重向量,β_2 为与判断矩阵 B_2-C 相对应的权重向量,β_3 为与判断矩阵 B_3-C 相对应的权重向量;α 为与判断矩阵 A-B 相对应的权重向量;H 为最终评价结果,则:

$$H = \alpha \begin{pmatrix} \beta_1 C_1 \\ \beta_2 C_2 \\ \beta_3 C_3 \end{pmatrix}$$

经过计算，可得最终评价结果（表 C.2）。

表 C.2　综合评价结果

项目	合并论 重要程度	合并论 排名	垂直论 重要程度	垂直论 排名	升格论 重要程度	升格论 排名	立法论 重要程度	立法论 排名	审计院论 重要程度	审计院论 排名	双轨制论 重要程度	双轨制论 排名
经济社会发展水平	14.2	5	18.4	2	16.8	4	22.5	1	17.6	3	10.5	6
独立性	13.0	5	19.4	2	16.4	4	22.0	1	18.7	3	10.4	6
实现性	18.8	3	20.0	1	19.1	2	16.6	4	13.2	5	12.1	6
综合评价	14.2	5	19.3	2	16.9	4	21.3	1	17.6	3	10.7	6

五、结论

（一）过分强调审计体制改革应实现国家审计的独立性，而忽略了审计体制改革的可行性

针对此次调查，评价各种审计体制改革观点的依据体现在三个方面——能否充分反映社会经济的发展水平、能否增强审计的独立性和改革的可实现性。由表 C.1 第一行可以看出（W_2 即代表重要程度），被调查者认为审计体制改革应该考虑的最重要的因素是审计体制的独立性，其相对重要性程度为 59.4%，分别是审计环境（经济社会发展水平）和实现性的 2.4 倍和 3.8 倍。显然被调查者过于强调国家审计的独立性，而忽视了审计环境的重要性和审计体制改革的可实现性。有怎样的审计环境（经济社会发展水平），必然有怎样的审计体制与之相适应，审计环境决定了审计体制的模式；当审计体制与审计环境不相适应时，就需要对当前的审计体制进行改革，解决审计体制中存在的问题——缺乏独立性；当然解决问题的方式是多样的，但作为一项体制改革，首先考虑的应是改革的可行性，缺乏可实现性的改革模式是不可取的。

（二）改良派观点与改革派观点各有优势，但改革派观点占上风

一般而言，合并论、垂直论和升格论属于改良派的观点，立法论、审计院论和双轨制论属于改革派的观点。由表 C.2 可以看出，仅从新体制是否具有可实现性的角度看，属于改良派的三种观点的相对重要程度的秩和为 6，改革派观点的为 15，改良派明显优于改革派。但是，无论从整体角度，还是从新的审计体制能

否增强国家审计的独立性和充分反映社会经济发展水平的角度，属于改良派的三种观点的相对重要程度的秩和都为 11，而改革派观点的秩和都为 10，改革派略优于改良派。改革是对目前不好因素的一种彻底否定，尽管预期效果非常理想，但是相对于改良难度大，所受到的阻力也很大；而改良是针对具体问题做进一步的完善，仅是局部变动，更具可操作性。到底施行哪种方式应从效果和可操作性两方面做权衡。

（三）各种审计体制改革观点的优劣比较

从表 C.2 可以看出，在能否充分反映社会经济的发展水平和能否增强审计的独立性两方面，立法论、垂直论和审计院论的相对重要程度依次位居前三位。在是否具有可实现性方面，排在前三位的依次是：垂直论、升格论和合并论。其中，垂直论在三个方面都得到了较高的评价，其相对重要程度的排名均很靠前，分别是二、二、一。其次是立法论，在能否充分反映社会经济的发展水平和能否增强审计的独立性两方面，立法论都领先于其他观点，排在第一位；但其可实现性较差，排在第四位。相对而言，被调查者对合并论与双轨制论的评价较差，其在三类指标上的排名都很靠后，特别是双轨制论在三个指标上的排名都是最后一位。对于其他两种观点，被调查者的评价均处于中等水平。

（四）立法论审计体制得到普遍的认同，但可实现性差

由表 C.2 可知，从整体的角度讲，立法论审计体制的相对重要程度为 21.3%，位居第一位，尤其是，这种审计体制能增强审计的独立性和充分反映社会经济发展水平，这两方面的相对重要程度分别为 22% 和 22.5%，并且有关这两方面的 25 个具体因素的相对重要程度都位居第一。但该体制在是否具有可实现性方面表现一般，其相对重要程度为 16.6%，仅名列第四，从 10 个具体因素看，该改革模式除在"应与人大主导和组织审计工作的能力和经验相适应"与"应便于人大和政府对审计工作领导责任进行协调和划分"两方面存在优势外；不能适应其他 8 个方面的要求，尤其在"不应过多修改现行宪法"和"能脱离政府工作的轨道"两方面。因而，这种改革模式应在可实现性方面做进一步的完善。

（五）双轨制论审计体制改革观点还有待于人们进一步了解

立法论与双轨制论的原理是基本相同的，即强调的都是在人大常委会机关设立审计机关，只是在有关人大审计机关的职责划分上不同。可以说双轨制论是在立法论基础上的"改进型"。因而，从新的审计体制能否增强审计的独立性的角度来看，两者的相对重要程度应该是相同的。但表 C.2 的结果是，在该角度下立法论的相对重要程度为 22.0%，是双轨制论的 2.12 倍。立法论的有些观点与当前的

社会经济水平不相适应，还存在可实现性的问题，双轨制论作为一种过渡型审计体制改革模式被提出，更适应当前社会经济发展水平的需要，更具有可实现性。但调查结果恰恰相反，从新的审计体制能否充分反映社会经济发展水平的角度看，立法论的相对重要程度为 22.5%，是双轨制论的 2.14 倍；从新体制是否具有可实现性的角度看，立法论的相对重要程度为 16.6%，是双轨制论的 1.37 倍。从以上三方面的对比可以发现，调查结果没有体现双轨制论的真实情况。出现这种现象的主要原因可能是，相比其他改革观点，双轨制论提出得较晚，人们对这一改革观点的认识还处于初级阶段，对该观点的原理和具体内容尚不了解；另外，在当前我国法律不完善的情况下，人们普遍存在"立法"情结更倾向于"立法论"。

需要强调的是，任何一项改革都不可能完全满足所有利益相关方的要求，也都可能存在一些缺陷。因此在考虑改革的过程中有必要多参考几种审计体制改革的观点和意见，即使选择了其中的一种改革观点，也有必要参考其他改革建议的合理之处。